音読＆会話で深める中国語

中級 アイテム15

鄭 高咏　著
Zheng Gaoyong

JN069523

朝日出版社

## 音声ダウンロード

 **音声再生アプリ「リスニング・トレーナー」新登場（無料）**

朝日出版社開発のアプリ、「リスニング・トレーナー（リストレ）」を使えば、教科書の
音声をスマホ、タブレットに簡単にダウンロードできます。どうぞご活用ください。

**まずは「リストレ」アプリをダウンロード**

▶ App Store はこちら　　　▶ Google Play はこちら

**アプリ【リスニング・トレーナー】の使い方**

❶ アプリを開き、「コンテンツを追加」をタップ

❷ QRコードをカメラで読み込む　

❸ QRコードが読み取れない場合は、画面上部に 45384 を入力し「Done」をタップします

## Webストリーミング音声

https://text.asahipress.com/free/ch/item15ch

# はじめに

　この教材は中級クラスの中国語学習者向けに編集したものです。特徴として、文章を声に出して読む「音読」によって中国語の表現法を身に付けることを重要視しています。まず短文を音読してから短文に含まれる文法を学び、それを理解したうえで再び音読をします。読む力や話す力を養うだけでなく、自分の声を何度も聞くためヒアリング力が鍛えられ、まさに「一挙三得」の学習効果を期待できます。そのため、1〜15課のすべてで、最初に短文を音読してから、そこにある文法を学習します。各課の短文は北京留学中の日本人学生が書いた  留学日記を想定して作りました。学びやすいように100文字前後と短めですが、それぞれ4つの重要な文法のポイントを盛り込んでいます。文法は中級レベルが中心ですが、一部は初級教材で学んだ内容も登場するので、過去の学習の復習と深掘りにも役立ててください。

　さらに、各課で取り上げた文法を応用した会話文も用意しています。会話文はみなさんが親しみやすい日本の一般的な生活スタイルに沿った内容もあるので、短文と会話文の場面設定は必ずしも同じではありません。

　各課の構成は以下の通りです。

・音読＆理解

　最初に短文があります。音読は中国語を上達させる第一歩です。短文を繰り返し声に出して読みます。短文は北京に留学中の日本人学生が現地の様子などを日記風に書いたもので、日中の文化の違いなどにも触れています。短文中の文法を理解した後、さらに何回も音読することによって、より理解を深めます。

・ポイント

　短文に盛り込まれた文法は中級レベルのものも、初級クラスで学んだものもあります。そのため、初級用テキストと同じように単語を一つ一つ分けて書き、ピンインも単語の下につけてあるので、視覚的にも学びやすくなっています。

・会話・即練

　その課で学んだ文法を応用した日常会話を学んだあと、実践練習をします。実際に様々な場面で学んだ文法を使えるように、練習では様々な場面を設定しました。

・トレーニング

　トレーニングでは「読む」「書く」「聞く」をバランスよく養うことができるように、基本を重視した練習を用意しています。


　教材の最後に音読シートを設け各課の短文の声調だけを抜き書きしてあるので、短文音読の助けとして活用してください。

　本テキストでの品詞と声調については商務印書館『現代漢語辞典　第7版』に準拠しています。


著　者

# 目次

1

第1課　**大学校园** キャンパス
Dàxué xiàoyuán

音読と理解・1　🔊1

我们　大学　的　校园　比　别的　校园　大。校内　除了
Wǒmen　dàxué　de　xiàoyuán　bǐ　biéde　xiàoyuán　dà.　Xiàonèi　chúle

教学楼、办公楼、宿舍楼　和　操场、体育馆　以外，还　有
jiàoxuélóu、　bàngōnglóu、　sùshèlóu　hé　cāochǎng、　tǐyùguǎn　yǐwài，　hái　yǒu

KTV、咖啡厅、超市　等等。食堂　的　种类　也　比较　多，除了
KTV、　kāfēitīng、　chāoshì děngděng.　Shítáng　de　zhǒnglèi　yě　bǐjiào　duō，　chúle

大学　自己　经营　的　食堂　以外，还　有　民办　的　特色　餐厅。
dàxué　zìjǐ　jīngyíng　de　shítáng　yǐwài，　hái　yǒu　mínbàn　de　tèsè　cāntīng.

語句　音読文　🔊2 --------------------------------------------------

校园 xiàoyuán 名 キャンパス　　　　比 bǐ 前置 ～に比べて、～より　　　　别的 biéde 代 ほかの（もの、
こと）　　　教学楼 jiàoxué lóu 名 教学棟　　　办公楼 bàngōng lóu 名 事務棟　　　宿舍楼 sùshè lóu 名
宿舍棟　　　操场 cāochǎng 名 運動場　　　体育馆 tǐyùguǎn 名 体育館　　　除了…以外 chúle…yǐwài
組 ～を除いて、～のほか　　　还 hái 副 さらに、また、まだ　　　咖啡厅 kāfēitīng 名 カフェ　　　超市
chāoshì 名 スーパーマーケット　　　种类 zhǒnglèi 名 種類　　　比较 bǐjiào 副 比較的に、わりに
自己 zìjǐ 名 自分（の）、自分（で）　　　经营 jīngyíng 動 経営する　　　民办 mínbàn 形 民営（の）
特色 tèsè 名 特色　　　餐厅 cāntīng 名 レストラン

Point
1  比較文  ■))3

① A + "比" bǐ + B （＋比較の結果）　「A は B より〜だ」

坐　电车　**比**　开车　快。
Zuò　diànchē　bǐ　kāichē　kuài.

今天　**比**　昨天　轻松　一点儿。　　　　　＊比較の差は形容詞の後に
Jīntiān　bǐ　zuótiān　qīngsōng　yìdiǎnr.

② A + "没有" méiyǒu + B （＋比較の結果）　「A は B ほど〜ない」

她　**没有**　姐姐　（那么）　开朗。　　＊述語の前にしばしば"这么／那么"を使う
Tā　méiyǒu　jiějie　(nàme)　kāilǎng.

我　**没有**　她　（那么）　喜欢　看　电影。
Wǒ　méiyǒu　tā　(nàme)　xǐhuan　kàn　diànyǐng.

③ A + "和" hé / "跟" gēn + B + "一样" yíyàng （＋比較の結果）　「A は B と同じ〜」

我　**和／跟**　你　一样。
Wǒ　hé/gēn　nǐ　yíyàng.

她　**和／跟**　你　一样　特别　喜欢　那　个　歌星。
Tā　hé/gēn　nǐ　yíyàng　tèbié　xǐhuan　nà　ge　gēxīng.

Point
2  "除了…以外" chúle...yǐwài　　「〜を除いて」「〜のほか」「〜以外は」　■))4

**除了**　小卖部　**以外**，还　有　便利店。
Chúle　xiǎomàibù　yǐwài,　hái　yǒu　biànlìdiàn.

**除了**　英语　**以外**，还　有　汉语　和　韩语。　　＊添加関係を表す
Chúle　Yīngyǔ　yǐwài,　hái　yǒu　Hànyǔ　hé　Hányǔ.

**除了**　水果　**以外**，我　都　买　了。　　＊排除関係を表す
Chúle　shuǐguǒ　yǐwài,　wǒ　dōu　mǎi　le.

Point

### Point 3　動詞句＋"的"de＋名詞　🔊5

这 是 她 做 **的** 饭。
Zhè shì tā zuò de fàn.

你 写 **的** 信 很 感人。
Nǐ xiě de xìn hěn gǎnrén.

我 喜欢 听 她 唱 **的** 歌。
Wǒ xǐhuan tīng tā chàng de gē.

### Point 4　結果補語　🔊6

我 能 看**见** 黑板 上 的 字。　　　見える
Wǒ néng kànjiàn hēibǎn shang de zì.

他 说 的 汉语，我 听**懂** 了。　　　聞いて分かる
Tā shuō de Hànyǔ, wǒ tīngdǒng le.

我 **没(有)** 听**见** 她们 在 说 什么。　聞こえなかった
Wǒ méi(yǒu) tīngjiàn tāmen zài shuō shénme.

买**到** 手に入れる　　收**到** 受け取る　　送**给** ～に贈る
mǎidào　　　　　　shōudào　　　　　　sònggěi

写**完** 書き終わる　　睡**好** よく寝る　　吃**饱** お腹がいっぱいになる
xiěwán　　　　　　shuìhǎo　　　　　　chībǎo

---

語句 | ポイント＆会話　🔊7 ------------------------------

开车 kāichē 動 車を運転する　　快 kuài 形 はやい　　轻松 qīngsōng 形 気楽である　　这么 zhème 代 このように、こんなふうに　　那么 nàme 代 そのように、そんなふうに　　开朗 kāilǎng 形 朗らかである　　一样 yíyàng 形 同じである　　歌星 gēxīng 名 人気歌手　　特别 tèbié 副 非常に、とくに　　小卖部 xiǎomàibù 名 売店　　韩语 Hányǔ 固 韓国語　　便利店 biànlìdiàn 名 コンビニ　　水果 shuǐguǒ 名 果物　　做 zuò 動 作る、する　　信 xìn 名 手紙　　感人 gǎnrén 形 感動的である　　说 shuō 動 話す、言う　　基本上 jīběnshàng 副 だいたい　　习惯 xíguàn 動・名 慣れる、習慣　　方便 fāngbiàn 形 便利である　　多了 duō le 組 ずっと

8

会話・1

● 北京的留学生活怎么样？ Běijīng de liúxué shēnghuó zěnmeyàng?

● 基本上习惯了。 Jīběnshàng xíguàn le.

校园里什么都有，很方便。 Xiàoyuán li shénme dōu yǒu, hěn fāngbiàn.

● 老师说的汉语，你能听懂吧？ Lǎoshī shuō de Hànyǔ, nǐ néng tīngdǒng ba?

● 比上个月好多了。 Bǐ shàng ge yuè hǎo duō le.

会話即練 1

次の会話を中国語でしてみましょう。

● 大学生活には慣れましたか。

● だいたい慣れました。

● 大学の授業を聞いて理解できますよね？ 授業：课 kè

● だいたい聞いて理解できます。
昨年と比べて、だいぶよくなりました。

||トレーニング・1|

**1** 音声を聞き、声調をつけて音読しなさい。　🔊 9

(1)

xiaoyuan
........................

(2)

caochang
........................

(3)

shitang
........................

(4)

chaoshi
........................

(5)

dianche
........................

(6)

gexing
........................

(7)

Hanyu
........................

(8)

Hanyu
........................

**2** 音声を聞いて空欄を埋め、完成した文章を日本語に訳した後、音読しなさい。　🔊 10

(1) ........................ 超市 ........................ ，还有餐厅。

[訳] →

(2) ........................ 星期天 ........................ ，我都去大学。

[訳] →

(3) ........................ 星期一 ........................ ，我都很轻松。

[訳] →

(4) ........................ 英语 ........................ ，我还学习汉语。

[訳] →

**③ 音声を聞いて、読まれた順に番号をふりなさい。** 🔈11

A

(　　　)

B

(　　　)

C

(　　　)

**④ 中国語に訳し、音読しなさい。**

(1) これは彼女が買った果物です。

➡ ..................................................

(2) わたしは手紙を書き終えました。

➡ ..................................................

(3) わたしは彼ほど朗らかではありません。

➡ ..................................................

(4) わたしが好きな映画は彼が好きなのと同じです。

➡ ..................................................

**⑤ 次の文章を完成させ、中国語で話しましょう。**

我们大学的校园很大。除了 .................... 和 .................... 以外，还有 .................... 和 .................... 。大学里有两个食堂，还有一家快餐厅 (kuàicāntīng ファストフードレストラン)，很方便。

*Lesson2*

2

第2課 问年龄 年齢をたずねる
Wèn niánlíng

**音読と理解・2** 🔊 12

在 食堂 聊天儿 的 时候, 大家 互相 问起来 对方
Zài shítáng liáotiānr de shíhou, dàjiā hùxiāng wènqǐlai duìfāng

的 年龄。一个 中国 朋友 问 我 的 朋友:"你 属 什么?"
de niánlíng. Yí ge Zhōngguó péngyou wèn wǒ de péngyou: "Nǐ shǔ shénme?"

他 回答 说:"我 属 野猪。"于是, 那 个 中国 朋友 告诉
Tā huídá shuō: "Wǒ shǔ yězhū." Yúshì, nà ge Zhōngguó péngyou gàosu

我们, 十二 生肖 里 没有 野猪, 有 猪。我们 马上 查了
wǒmen, shí'èr shēngxiào li méiyǒu yězhū, yǒu zhū. Wǒmen mǎshàng chále

一下, 才 知道 日本 和 中国 的 说法 不 一样。
yíxià, cái zhīdào Rìběn hé Zhōngguó de shuōfǎ bù yíyàng.

**語句** 音読文 🔊 13 ------------------------------------------------

年龄 niánlíng 名 年齢　　　聊天儿 liáotiānr 動 おしゃべりする、雑談する　　　时候 shíhou 名 時

互相 hùxiāng 副 お互いに　　　问 wèn 動 尋ねる、聞く、質問する　　　…起来 qǐlai 動 ～し始める

对方 duìfāng 名 相手　　属 shǔ 動 ～年生まれである　　　回答 huídá 動 答える　　　野猪 yězhū 名

イノシシ　　于是 yúshì 接 そこで、そして　　　告诉 gàosu 動 知らせる、教える　　　生肖 shēngxiào

名 十二支によって唱える生まれ年　　猪 zhū 名 ブタ　　马上 mǎshàng 副 すぐ、直ちに　　査 chá

動 調べる　　才 cái 副 はじめて、やっと　　知道 zhīdào 動 知っている、わかる　　说法 shuōfǎ 名

言い方

第
2
課

### Point 1 "…的时候" de shíhou 「～する時」「～の時」 🔊14

第 一 次 开车 **的 时候**, 我 很 紧张。
Dì yī cì kāichē de shíhou, wǒ hěn jǐnzhāng.

大学 一 年级 **的 时候**, 我 还 不 太 习惯。
Dàxué yī niánjí de shíhou, wǒ hái bú tài xíguàn.

假期 **的 时候**, 我 想 和 朋友 一起 去 旅游。
Jiàqī de shíhou, wǒ xiǎng hé péngyou yìqǐ qù lǚyóu.

### Point 2 形容詞／動詞＋"起来" qǐlai 複合方向補語の派生義 🔊15

天气 暖和**起来** 了。 暖かくなってくる
Tiānqì nuǎnhuoqǐlai le.

开学 后, 又 忙**起来** 了。 忙しくなる
Kāixué hòu, yòu mángqǐlai le.

我 想**起来** 那 个 人 的 名字 了。 思い出す
Wǒ xiǎngqǐlai nà ge rén de míngzi le.

### Point 3 副詞 "才" cái 「ただ」「たった今」「はじめて」「（～して）やっと」 🔊16

他 **才** 学了 一 年。
Tā cái xuéle yì nián.

我 **才** 知道 我们 同岁。
Wǒ cái zhīdào wǒmen tóngsuì.

收到 你 的 邮件, 我 **才** 放心。
Shōudào nǐ de yóujiàn, wǒ cái fàngxīn.

八 点 开始, 他 八 点 半 **才** 来。
Bā diǎn kāishǐ, tā bā diǎn bàn cái lái.

**Point 4** 動詞 "知道" zhīdào 　「～知っている」「～心得ている」　🔊 17

我 **知道** 他 很 想 去 留学。
Wǒ zhīdào tā hěn xiǎng qù liúxué.

老师 **知道** 她 今天 不 舒服。
Lǎoshī zhīdào tā jīntiān bù shūfu.

他们 **知道** 我们 今天 不 能 去。
Tāmen zhīdào wǒmen jīntiān bù néng qù.

我 **不 知道** 她 这 几 天 不 太 高兴。
Wǒ bù zhīdào tā zhè jǐ tiān bú tài gāoxìng.

**語句** ポイント&会話 🔊 18 ----------------------------------------

次 cì 量 回　　**紧张** jǐnzhāng 形 緊張している　　**年级** niánjí 名 学年　　**假期** jiàqī 名 休暇
**旅游** lǚyóu 動 旅行する　　**暖和** nuǎnhuo 形 暖かい　　**开学** kāixué 動 学校が始まる　　**名字**
míngzi 名 フルネーム、名前　　**同岁** tóngsuì 動 同年齢である　　**邮件** yóujiàn 名 メール　　**放心**
fàngxīn 動 安心する　　**舒服** shūfu 形 気分がよい　　**几** jǐ 代・数 いくつかの、いくつ　　**天** tiān 名
日　　**高兴** gāoxìng 形 嬉しい　　**马** mǎ 名 うま　　**龙** lóng 名 たつ　　**狗** gǒu 名 いぬ

*Dialoge*

■)) 19　　会話・2

- 你比我小吧？　　　Nǐ bǐ wǒ xiǎo ba?

  你属什么？　　　Nǐ shǔ shénme?

- 我属马。你呢？　　　Wǒ shǔ mǎ. Nǐ ne?

- 我比你大两岁。　　　Wǒ bǐ nǐ dà liǎng suì.

- 我知道了，你属龙。　　　Wǒ zhīdàole, nǐ shǔ lóng.

会話即練　2　

次の会話を中国語でしてみましょう。

- あなたはなに年生まれですか？
- いのしし年です。あなたは？
- あなたより一つ年上です。
- わかりました。あなたはいぬ年ですね。

**1** 絵を見ながら音声を聞き、日本語で意味を書きなさい。　　🔊 20

(1)
訳 ..........................................................

(2)
訳 ..........................................................

(3)
訳 ..........................................................

(4)
訳 ..........................................................

(5)
訳 ..........................................................

(6)
訳 ..........................................................

(7)
訳 ..........................................................

(8)
訳 ..........................................................

**2** 音声を聞いて空欄を埋め、完成した文章を日本語に訳した後、音読しなさい。　　🔊 21

(1) 你 ................................. 什么？

　　訳 →

(2) 我 ................................. 他的名字了。

　　訳 →

(3) 他来 ................................. ，我不在。

　　訳 →

(4) 日本 ................................. 中国 ................................. 。

　　訳 →

③ 音声を聞いて、読まれた順に番号をふりなさい。　🔊》22

A 　　　B 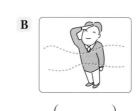　　　C

（　　　）　　　（　　　）　　　（　　　）

④ 中国語に訳し、音読しなさい。

（1）彼女は9時にやっと来ました。　　　　　　　　　ヒント "才"

　⇒
　　..................................................................................................................................

（2）あなたたちが同級生だとわたしははじめて知りました。　ヒント "才" "知道"

　⇒
　　..................................................................................................................................

（3）彼がなに年生まれかあなたは知っていますか。　　ヒント "属"

　⇒
　　..................................................................................................................................

（4）彼女がどこにいるのかわたしは分かりません。　　ヒント "不知道"

　⇒
　　..................................................................................................................................

⑤ 次の文章を完成させ、中国語で話しましょう。

我属 .................. ，我姐姐（jiějie 姉）属 .................. ，她比我大 ..................

岁。你属什么？ 我们同岁吧？

Lesson 3

3

第3課 小测验 小テスト
Xiǎocèyàn

## 音読と理解・3 🔊 23

刚　开学　不久　的　一天，老师　把　上　节　课　的
Gāng　kāixué　bùjiǔ　de　yìtiān,　lǎoshī　bǎ　shàng　jié　kè　de

小测验　还给了　大家。我　拿到　那　张　试卷　以后，特别
xiǎocèyàn　huángěile　dàjiā.　Wǒ　nádào　nà　zhāng　shìjuàn　yǐhòu,　tèbié

吃惊。因为　老师　在　上面　画了　很　多 "✓"，可是　我
chījīng.　Yīnwèi　lǎoshī　zài　shàngmiàn　huàle　hěn　duō "duìhào",　kěshì　wǒ

的　得分　是　98　分。原来　在　中国　答案　正确　的　时候，
de　défēn　shì　jiǔshíbā　fēn.　Yuánlái　zài　Zhōngguó　dá'àn　zhèngquè　de　shíhou,

常　使用　那　个　符号。
cháng　shǐyòng　nà　ge　fúhào.

## 語句 | 音読文 🔊 24

小测验 xiǎocèyàn [名] 小テスト　　刚 gāng [副] ～して間もない　　不久 bùjiǔ [形] 間もなく　　一天
yìtiān [名] ある日　　把 bǎ [前置] ～を（～する）　　上 shàng [名]（時間の）前（の）　　节 jié [量] 区分
などを表す名詞に用いる　　还 huán [動] 返却する　　拿到 nádào [動] 手に入る、手に入れる　　试卷
shìjuàn [名] 答案用紙　　以后 yǐhòu [名] ～以後　　吃惊 chījīng [動] 驚く、びっくりする　　因为
yīnwèi [接] ～だから（である）　　上面 shàngmiàn [名] 上（に）　　画 huà [動]（しるしを）つける、描く
对号 duìhào [名] チェックマーク　　可是 kěshì [接] しかし　　得分 défēn [名] 得点　　原来 yuánlái
[副] なんだ（～であったのか）　　答案 dá'àn [名] 答案　　正确 zhèngquè [形] 正しい　　常 cháng [副]
いつも　　使用 shǐyòng [動] 使う、用いる　　符号 fúhào [名] 記号

### Point 1 "刚" gāng + 動詞　「〜したばかりである」「〜して間もない」　◀)) 25

他们　**刚**　下课。
Tāmen　gāng　xiàkè.

我们　**刚**　到　大学。
Wǒmen　gāng　dào　dàxué.

你　的　病　**刚**　恢复，要　好好儿　休息。
Nǐ　de　bìng　gāng　huīfù,　yào　hǎohāor　xiūxi.

### Point 2 "把" bǎ 構文　主語＋"把"＋目的語＋動詞＋"了"や補語など
「〜を〜する（した）」　◀)) 26

我　**把**　钥匙　丢　了。
Wǒ　bǎ　yàoshi　diū　le.

不要　**把**　垃圾　扔在　这里。
Búyào　bǎ　lājī　rēngzài　zhèlǐ.

请　大家　**把**　行李　放在　架子　上面。
Qǐng　dàjiā　bǎ　xíngli　fàngzài　jiàzi　shàngmiàn.

### Point 3 原因や理由を表す "因为" yīnwèi　「〜なので」「〜だから（である）」
「〜ために」　◀)) 27

**因为**　天气　不　好，飞机　延误　了。
Yīnwèi　tiānqì　bù　hǎo,　fēijī　yánwù　le.

**因为**　最近　很　忙，我　没有　时间　去　玩儿。
Yīnwèi　zuìjìn　hěn　máng,　wǒ　méiyǒu　shíjiān　qù　wánr.

我　昨天　没　去　开会，**因为**　身体　不　舒服。
Wǒ　zuótiān　méi　qù　kāihuì,　yīnwèi　shēntǐ　bù　shūfu.

Point
④ "原来" yuánlái　　それまで気がつかなかったことに気がついたときに使う言葉。
「なんだ（〜であったのか）」「なんと（〜であったのか）」

🔊))28

原来　是　你。
Yuánlái　shì　nǐ.

原来　你　也　不　知道。
Yuánlái　nǐ　yě　bù　zhīdào.

原来　你们　也　认识，太　好　了。
Yuánlái　nǐmen　yě　rènshi,　tài　hǎo　le.

很　遗憾，原来　你　不　能　参加。
Hěn　yíhàn,　yuánlái　nǐ　bù　néng　cānjiā.

語句　ポイント＆会話　🔊))29 - - - - - - - - - - - - - - - - - - - - - - - - - - - - - - -

下课 xiàkè 動 授業が終わる　　到 dào 動 着く、達する、至る　　病 bìng 名 病気　　恢复 huīfù
動 回復する　　好好儿 hǎohāor 副 ちゃんと、よく　　休息 xiūxi 動 休む　　钥匙 yàoshi 名 鍵
不要 búyào 副 〜してはいけない　　垃圾 lājī 名 ゴミ　　扔 rēng 動 捨てる　　大家 dàjiā 代
みんな　　行李 xíngli 名 荷物　　架子 jiàzi 名 棚　　飞机 fēijī 名 飛行機　　延误 yánwù 動
遅延する　　玩儿 wánr 動 遊ぶ　　开会 kāihuì 動 会議に出る、会議を開く　　认识 rènshi 動 知り
合う　　遗憾 yíhàn 形 残念（である）　　照片 zhàopiàn 名 写真　　发 fā 動 送る、送信する
补课 bǔkè 動 補講する　　不好意思 bù hǎoyìsi 組 すみません　　出差 chūchāi 動 出張する
停课 tíngkè 動 休講する

● 我把那张照片发给你了。　　Wǒ bǎ nà zhāng zhàopiàn fāgěi nǐ le.

● 刚下课，不好意思。　　Gāng xiàkè, bù hǎoyìsi.

● 周六也有课，辛苦了。　　Zhōu liù yě yǒu kè, xīnkǔ le.

● 今天补课。　　Jīntiān bǔkè.

　因为昨天老师出差了。　　Yīnwèi zuótiān lǎoshī chūchāi le.

● 原来是这样。　　Yuánlái shì zhèyàng.

---

**会話即練　3**

次の会話を中国語でしてみましょう。

● その写真をあなたに送りました。　　ヒント "把"

● 授業が終わったばかりで、すみません。　　ヒント "刚"

● お疲れ様です。

● 今日は補講でした。昨日は休講だったからです。　　ヒント "因为"

● そうなんですね。　　ヒント "原来"

**1** 絵を見ながら音声を聞き、日本語で意味を書きなさい。　🔊31

(1) | 訳 ......................................

(2) | 訳 ......................................

(3) | 訳 ......................................

(4) | 訳 ......................................

(5) | 訳 ......................................

(6) | 訳 ......................................

(7) | 訳 ......................................

(8) | 訳 ......................................

**2** 音声を聞いて空欄を埋め、完成した文章を日本語に訳した後、音読しなさい。　🔊32

(1) 我们 ........................... 开学。

　　訳 →

(2) ........................... 今天没有课。

　　訳 →

(3) 老师 ........................... 小测验还给我们了。

　　訳 →

(4) 我们没有去，........................... 天气不好。

　　訳 →

③ 音声を聞いて、読まれた順に番号をふりなさい。　📢))33

A

（　　　　）

B

（　　　　）

C

（　　　　）

④ 中国語に訳し、音読しなさい。

（1）わたしは家に帰ってきたばかりです。　　　　　ヒント “刚”

➡
　　　　.............................................................................................................

（2）ここに荷物を置いてください。　　　　　　　　ヒント “把” 構文

➡
　　　　.............................................................................................................

（3）会議があるので、今日はすごく忙しいです。　　ヒント “因为”

➡
　　　　.............................................................................................................

（4）なんだ、誰も知らなかったのか。　　　　　　　ヒント “原来”

➡
　　　　.............................................................................................................

⑤ 次の文章を完成させ、中国語で話しましょう。

我特别高兴，因为 ...........................................................................。
　　　　　　　　　　　　　　　　　　　　　　　　　　　　　　［その理由］

Lesson4

4

为什么 <sub>なぜ</sub>
Wèi shénme

音読と理解・4　🔊 34

我　跟　几　个　中国　朋友　一起　吃饭，大家　商量
Wǒ　gēn　jǐ　ge　Zhōngguó　péngyou　yìqǐ　chīfàn，　dàjiā　shāngliang

喝　什么　酒。我　对　中国　朋友　说："我　还　不　到　二十
hē　shénme　jiǔ.　Wǒ　duì　Zhōngguó　péngyou　shuō:　"Wǒ　hái　bú　dào　èrshí

岁，不　能　喝　酒，我　要　一　杯　果汁。"他们　问　我　为什么，
suì，　bù　néng　hē　jiǔ，　wǒ　yào　yì　bēi　guǒzhī."　Tāmen　wèn　wǒ　wèishénme，

我　告诉　他们，虽然　中国　没有　年龄　的　限制，但是　日本
wǒ　gàosu　tāmen，　suīrán　Zhōngguó　méiyǒu　niánlíng　de　xiànzhì，　dànshì　Rìběn

的　法律　规定　二十　岁　以后　才　能　喝　酒。
de　fǎlǜ　guīdìng　èrshí　suì　yǐhòu　cái　néng　hē　jiǔ.

語句　音読文　🔊 35 --------------------------------------------------

**商量** shāngliang 動 相談する、打ち合わせる　　**对** duì 前置 ～に対して　　**要** yào 動 注文する、要る、
かかる　　**果汁** guǒzhī 名 ジュース　　**为什么** wèi shénme 組 なぜ、どうして　　**虽然…但是…**
suīrán…dànshì… 組 ～ではあるが、しかし…　　**限制** xiànzhì 動・名 制限する、制限　　**法律** fǎlǜ 名
法律　　**规定** guīdìng 動・名 定める、決まり

### Point 1 前置詞 "对" duì 　「～に対して」　🔊 36

他　总是　**对**　我们　很　热情。
Tā　zǒngshì　duì　wǒmen　hěn　rèqíng.

她　**对**　我　说："你　放心　吧。"
Tā　duì　wǒ　shuō: "Nǐ　fàngxīn　ba."

客人　**对**　我们　的　服务　很　满意。
Kèrén　duì　wǒmen　de　fúwù　hěn　mǎnyì.

你　**对**　我　说　的　话，我　都　记住　了。
Nǐ　duì　wǒ　shuō　de　huà, wǒ　dōu　jìzhù　le.

### Point 2 二つの "要" yào 　🔊 37

① **動詞**　「注文する」「要る」「かかる」

我　**要**　一　杯　咖啡。
Wǒ　yào　yì　bēi　kāfēi.

我们　**不 要**　辣　的。
Wǒmen　bú　yào　là　de.

到　车站　**要**　十　分钟。
Dào　chēzhàn　yào　shí　fēnzhōng.

② **助動詞**　「～したい」「～しなければならない」「～するつもりだ」

我　**要**　喝　咖啡。
Wǒ　yào　hē　kāfēi.

你　**要**　好好儿　注意　身体。
Nǐ　yào　hǎohāor　zhùyì　shēntǐ.

后天　我们　**要**　去　听　演唱会。
Hòutiān　wǒmen　yào　qù　tīng　yǎnchànghuì.

\* "想" xiǎng より強い意志を表す

##### Point 3

"为什么" wèi shénme　　客観的に原因や目的を尋ねる。「なぜ」「どうして」

🔊 38

你　**为什么**　生气　了？
Nǐ　wèishénme　shēngqì　le?

你　**为什么**　想　去　留学？
Nǐ　wèishénme　xiǎng　qù　liúxué?

我　不　知道　她　**为什么**　那么　着急。
Wǒ　bù　zhīdào　tā　wèishénme　nàme　zháojí.

##### Point 4

"虽然…但是…" suīrán...dànshì...　　どちらも接続詞
「～ではあるけれども、しかし…」

🔊 39

**虽然**　每天　很　忙，**但是**　很　快乐。
Suīrán　měitiān　hěn　máng, dànshì　hěn　kuàilè.

**虽然**　已经　成人　了，**但是**　还　不　太　了解　社会。
Suīrán　yǐjīng　chéngrén　le, dànshì　hái　bú　tài　liǎojiě　shèhuì.

**虽然**　不　能　去　留学，**但是**　每天　都　有　机会　说　英语。
Suīrán　bù　néng　qù　liúxué, dànshì　měitiān　dōu　yǒu　jīhuì　shuō　Yīngyǔ.

---

語句　ポイント＆会話　🔊 40 - - - - - - - - - - - - - - - - - - - - - - - - - - - - - - - - - - - -

总是 zǒngshì 副 いつも　　热情 rèqíng 形 (態度が) 温かい、心がこもっている　　客人 kèrén 名 客、お客さん　　服务 fúwù 名 サービス　　满意 mǎnyì 動 満足する　　话 huà 名 話　　记住 jìzhù 動 しっかり覚える　　辣 là 形 辛い　　到 dào 前置 ～まで　　车站 chēzhàn 名 駅、バス停　　分钟 fēnzhōng 量 分間　　注意 zhùyì 動 気をつける　　身体 shēntǐ 名 身体　　后天 hòutiān 名 あさって　　听 tīng 動 (耳を傾けて) 聞く　　演唱会 yǎnchàng huì 組 コンサート　　生气 shēngqì 動 怒る　　着急 zháojí 動 焦る、いらいらする　　快乐 kuàilè 形 楽しい　　已经 yǐjīng 副 すでに、もう　　了解 liǎojiě 動 よく分かる　　机会 jīhuì 名 機会　　带 dài 動 持つ、携帯する、付帯している、連れる　　感谢 gǎnxiè 動 感謝する

● 这是你们要的书，我带来了。　Zhè shì nǐmen yào de shū, wǒ dàilai le.

● 感谢你总是对我们这么好。　Gǎnxiè nǐ zǒngshì duì wǒmen zhème hǎo.

● 不谢。我们是好朋友。　Bú xiè. Wǒmen shì hǎo péngyou.

　你们为什么来中国留学？　Nǐmen wèi shénme lái Zhōngguó liúxué?

● 因为我们喜欢学习汉语。　Yīnwèi wǒmen xǐhuan xuéxí Hànyǔ.

会話即練　4

次の会話を中国語でしてみましょう。

● いつも優しくしてくれて、ありがとうございます。
● どういたしまして。
　あなたたちはなぜ日本に留学に来たのですか。
● 日本語を勉強するのが好きだからです。

トレーニング・4

**①** 絵を見ながら音声を聞き、日本語で意味を書きなさい。　🔊 42

(1)
訳 ..............................

(2)
訳 ..............................

(3)
訳 ..............................

(4)
訳 ..............................

(5)
訳 ..............................

(6)
訳 ..............................

(7)
訳 ..............................

(8)
訳 ..............................

**②** 音声を聞いて空欄を埋め、完成した文章を日本語に訳した後、音読しなさい。　🔊 43

(1)　她 ..................... 我特别好。

　　　訳 →

(2)　我 ..................... 一杯果汁。

　　　訳 →

(3)　你 ..................... 这么高兴？

　　　訳 →

(4)　..................... 我已经二十岁了，..................... 我不想喝酒。

　　　訳 →

③ 音声を聞いて、読まれた順に番号をふりなさい。 🔊 44

A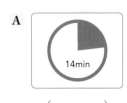

14min

(　　　　)

B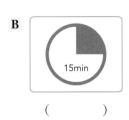

15min

(　　　　)

C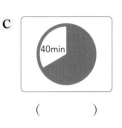

40min

(　　　　)

④ 中国語に訳し、音読しなさい。

(1) あなたはわたしたちのサービスに満足していますか。　　ヒント "对"

➡ ......................................................................................................

(2) わたしは友達と一緒にコンサートに行くつもりです。　　ヒント "要"

➡ ......................................................................................................

(3) あなたはなぜ日本に留学に行きたいのですか。　　ヒント "为什么"

➡ ......................................................................................................

(4) キャンパスは広くないけれども、とても便利です。　　ヒント "虽然…但是…"

➡ ......................................................................................................

⑤ 次の文章を完成させ、中国語で話しましょう。

请告诉我，为什么 ............................................................... ？

音読と理解・5　🔊 45

我 跟 几 个 朋友 在 宿舍 一起 吃 午饭, 我 把 一 个
Wǒ gēn jǐ ge péngyou zài sùshè yìqǐ chī wǔfàn, wǒ bǎ yí ge

生 鸡蛋 磕开, 放在了 米饭 上, 没 想到 在场 的 中国
shēng jīdàn kēkāi, fàngzàile mǐfàn shang, méi xiǎngdào zàichǎng de Zhōngguó

朋友 都 很 吃惊。他们 说: "欸? 这 是 生 鸡蛋, 能 吃 吗?"
péngyou dōu hěn chījīng. Tāmen shuō: "Éi? Zhè shì shēng jīdàn, néng chī ma?"

我 说: "很 好吃 啊! 特别 是 放在 热乎乎 的 米饭 上,
Wǒ shuō: "Hěn hǎochī a! Tèbié shì fàngzài rèhūhū de mǐfàn shang,

你 会 觉得 更 好吃。"听说 在 中国 一般 不 吃 生 鸡蛋。
nǐ huì juéde gèng hǎochī." Tīngshuō zài Zhōngguó yìbān bù chī shēng jīdàn.

語句　音読文　🔊 46 - - - - - - - - - - - - - - - - - - - - - - - - - - - - - - - - - - - - - - -

生 shēng [形] 生 (なま) である　　鸡蛋 jīdàn [名] 卵　　宿舍 sùshè [名] 寄宿舎　　午饭 wǔfàn [名] 昼食
磕 kē [動] 割る　　放 fàng [動] 置く、入れる　　米饭 mǐfàn [名] ライス　　没想到 méi xiǎngdào [組]
〜とは思わなかった、〜と予期しなかった　　在场 zàichǎng [動] その場にいる　　欸 éi [感] (いぶかる
気持ちを表す) おや　　热乎乎 rèhūhū [形] ほかほか (の)、温かなさま　　会 huì [助動] 〜するだろう、
〜するはずである　　觉得 juéde [動] 〜と思う、〜ような気がする　　更 gèng [副] さらに、いっそう
听说 tīngshuō [動] (〜と) 聞いている、〜だそうだ

第
5
課

**Point 1** "没想到…" méi xiǎngdào…　「～とは思わなかった」「～と予期しなかった」

🔊 47

没 想到 这么 便宜。
Méi xiǎngdào zhème piányi.

没 想到 我 这 次 考上 了。
Méi xiǎngdào wǒ zhè cì kǎoshàng le.

真 没 想到 在 日本 我们 见面 了。
Zhēn méi xiǎngdào zài Rìběn wǒmen jiànmiàn le.

**Point 2** "会…（的）" huì…(de)
可能性があることを表す。　「～だろう」「～はずだ」「きっと～するよ」
文末に断定の語気を表す"的"を加え、"会…的"の形で用いられることが多い。

🔊 48

今天 会 下 雨。
Jīntiān huì xià yǔ.

我 会 跟 你们 联系 的。
Wǒ huì gēn nǐmen liánxì de.

你 的 理想 一定 会 实现 的。
Nǐ de lǐxiǎng yídìng huì shíxiàn de.

**Point 3** "觉得" juéde　「～と思う」「～ような気がする」　🔊 49

你 觉得 怎么样？
Nǐ juéde zěnmeyàng?

我 觉得 有点儿 累。
Wǒ juéde yǒudiǎnr lèi.

你 觉得 这 件 衣服 好看 吗？
Nǐ juéde zhè jiàn yīfu hǎokàn ma?

Point

**4** "听说" tīngshuō 「聞いた話によると」「(〜と) 聞いている」「〜だそうだ」

🔊 50

**听说** 大学 比 高中 自由。
Tīngshuō dàxué bǐ gāozhōng zìyóu.

**听说** 他 去 国外 工作 了。
Tīngshuō tā qù guówài gōngzuò le.

**听说** 明年 的 课表 不 一样。
Tīngshuō míngnián de kèbiǎo bù yíyàng.

**听说** 那 个 歌手 要 来 日本。
Tīngshuō nà ge gēshǒu yào lái Rìběn.

**語句** ポイント&会話 🔊 51 - - - - - - - - - - - - - - - - - - - - - - - - - - - - - - - - - - - - - - - - -

便宜 piányi 形 (値段が) 安い   考上 kǎoshàng 動 (試験に) 合格する   真 zhēn 副 本当に
见面 jiànmiàn 動 会う   下 xià 動 降る   联系 liánxì 動 連絡する   理想 lǐxiǎng 名 理想、夢
一定 yídìng 副 必ず、きっと   实现 shíxiàn 動 実現する   累 lèi 形 疲れている   件 jiàn 量
服などを数える   好看 hǎokàn 形 美しい、きれいである   高中 gāozhōng 名 高等学校   国外
guówài 名 国外   工作 gōngzuò 動・名 働く、仕事をする、仕事   课表 kèbiǎo 名 授業の時間割
歌手 gēshǒu 名 歌手   保质期 bǎozhìqī 名 賞味期限   闹肚子 nào dùzi 組 腹をこわす

● 听说你喜欢吃生鸡蛋。 Tīngshuō nǐ xǐhuan chī shēng jīdàn.

● 是的。我觉得很好吃。 Shì de. Wǒ juéde hěn hǎochī.

● 这里的保质期不是生吃的。 Zhèlǐ de bǎozhìqī bú shì shēng chī de.

● 是吗？我不知道。 Shì ma? Wǒ bù zhīdào.

● 吃生的会闹肚子的。 Chī shēng de huì nào dùzi de.

**会話即練 5**

次の会話を中国語でしてみましょう。

● あなたは納豆が好きだと聞いています。 　ヒント　"听说"、"纳豆 nàdòu"
● そうです。とても美味しいと思います。 　ヒント　"觉得"
● そうなんですか。
● ご飯の上にかけると、もっと美味しいはずですよ。 　ヒント　"会…的"

トレーニング・5

**1** 絵を見ながら音声を聞き、日本語で意味を書きなさい。　🔊53

(1)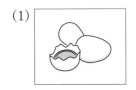

訳 .....................................

(2)

訳 .....................................

(3)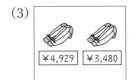

訳 .....................................

(4)

訳 .....................................

(5)

訳 .....................................

(6)

訳 .....................................

(7)

訳 .....................................

(8)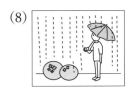

訳 .....................................

**2** 音声を聞いて空欄を埋め、完成した文章を日本語に訳した後、音読しなさい。　🔊54

(1) ..................................... 你去听演唱会了。

　　訳 →

(2) ..................................... 那个歌手要来日本。

　　訳 →

(3) 我 ..................................... 这个大学特别好。

　　訳 →

(4) 我 ..................................... 给你发邮件 ..................................... 。

　　訳 →

③ 音声を聞いて、読まれた順に番号をふりなさい。 🔊 55

A  （　　　　）

B  （　　　　）

C  （　　　　）

④ 中国語に訳し、音読しなさい。

（1） こんなに速いとは思っていませんでした。　　　　ヒント "没想到"

➡

..............................................................................................................................

（2） あなたはきっと合格するでしょう。　　　　ヒント "会…的"

➡

..............................................................................................................................

（3） わたしは大学がとても自由だと思います。　　　　ヒント "觉得"

➡

..............................................................................................................................

（4） 彼女は留学に行っているそうです。　　　　ヒント "听说"

➡

..............................................................................................................................

⑤ "觉得" を使って、中国語で話しましょう。

你觉得 ............................................. 好吃吗？

你觉得 ............................................. 好喝吗？

Lesson 6

6

第6課 **生日礼物** 誕生日プレゼント
Shēngrì lǐwù

🔊)) 56

我 快要 过 生日 了。一 个 朋友 送给 我 一 个
Wǒ  kuàiyào  guò  shēngrì  le.  Yí  ge  péngyou  sònggěi  wǒ  yí  ge

红色 的 钱包。她 说："祝 你 好运！祝 你 生日 快乐！"
hóngsè  de  qiánbāo.  Tā  shuō: "Zhù  nǐ  hǎoyùn!  Zhù  nǐ  shēngrì  kuàilè!"

在 中国，红色 象征 好运、喜庆，还 含有 避邪 的 意思。
Zài  Zhōngguó,  hóngsè  xiàngzhēng  hǎoyùn、 xǐqìng,  hái  hányǒu  bìxié  de  yìsi.

结婚 庆典 的 礼钱 以及 过年 的 压岁钱 都 要 放在 红色
Jiéhūn  qìngdiǎn  de  lǐqián  yǐjí  guònián  de  yāsuìqián  dōu  yào  fàngzài  hóngsè

的 信封 里。本命年 的 时候，为了 避邪 有 人 还 特意 穿
de  xìnfēng  li.  Běnmìngnián  de  shíhou,  wèile  bìxié  yǒu  rén  hái  tèyì  chuān

红色 的 内衣。
hóngsè  de  nèiyī.

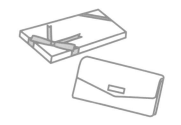

**語句** 音読文 🔊)) 57 - - - - - - - - - - - - - - - - - - - - - - - - - - - - - - -

**生日** shēngrì 名 誕生日　　**礼物** lǐwù 名 プレゼント　　**快要…了** kuàiyào...le 組 もうすぐ〜になる
**过** guò 動 過ごす　　**红色** hóngsè 名 赤い色（の）　　**钱包** qiánbāo 名 財布　　**祝** zhù 動 祈る
**好运** hǎoyùn 名 幸運　　**象征** xiàngzhēng 動 象徴する　　**喜庆** xǐqìng 名 喜び、慶事　　**含有**
hányǒu 動 含んでいる　　**避邪** bìxié 動 魔よけをする　　**意思** yìsi 名 意味　　**庆典** qìngdiǎn 名
祝賀の儀式　　**礼钱** lǐqián 名 祝儀　　**以及** yǐjí 接 および、並びに　　**过年** guònián 動 年を越す
**压岁钱** yāsuìqián 名 お年玉　　**信封** xìnfēng 名 封筒　　**本命年** běnmìngnián 名 自分の干支
（えと）の年　　**为了** wèile 前置 〜のために　　**特意** tèyì 副 わざわざ　　**穿** chuān 動 着る、履く
**内衣** nèiyī 名 肌着

**Point 1** "快要…了" kuàiyào…le 　「もうすぐ〜」「まもなく〜」
"就要…了" jiùyào…le とも言う。　🔊 58

**快要** 放假 了。
Kuàiyào fàngjià le.

她 **快要** 回来 了。
Tā kuàiyào huílai le.

他 马上 **就要** 毕业 了。
Tā mǎshàng jiùyào bìyè le.

**Point 2** 動詞 "过" guò 　「(時間が)経過する」「過ごす」「暮らす」 　🔊 59

时间 **过**得 真 快。
Shíjiān guòde zhēn kuài.

今年 的 生日 你 怎么 **过**?
Jīnnián de shēngrì nǐ zěnme guò?

日本 **不 过** 春节, 只 **过** 元旦。
Rìběn bú guò Chūnjié, zhǐ guò Yuándàn.

**Point 3** 祈る "祝" zhù 　「(相手の)〜を祈る」「心から願う」 　🔊 60

**祝** 你 健康!
Zhù nǐ jiànkāng!

**祝** 你 成功!
Zhù nǐ chénggōng!

**祝** 你们 一切 顺利!
Zhù nǐmen yíqiè shùnlì!

### Point 4 前置詞 "为了" wèile 「～のため」「～するために」「～するのは、～ためである」

🔊 61

为了 将来, 我 要 努力。
Wèile jiānglái, wǒ yào nǔlì.

为了 省 钱, 坐 夜班车。
Wèile shěng qián, zuò yèbānchē.

去 留学 是 为了 学好 英语。
Qù liúxué shì wèile xuéhǎo Yīngyǔ.

去 打工 是 为了 挣 零花钱。
Qù dǎgōng shì wèile zhèng línghuāqián.

---

**語句** ポイント&会話 🔊 62 - - - - - - - - - - - - - - - - - - - - - - - - - - - - - - - - - - - -

放假 fàngjià 動 休暇に入る　　回来 huílai 動 戻ってくる　　毕业 bìyè 動 卒業する　　怎么
zěnme 代 どのように、どうして　　春节 Chūnjié 名 旧正月　　只 zhǐ 副 ただ、～だけ　　元旦
Yuándàn 名 元旦　　健康 jiànkāng 形 健康　　成功 chénggōng 形 成功である　　一切 yíqiè 代
すべて　　顺利 shùnlì 形 順調（に）　　将来 jiānglái 名 将来　　努力 nǔlì 形 懸命である　　省
shěng 動 節約する　　钱 qián 名 金銭　　夜班车 yèbān chē 名 夜行バス　　学好 xuéhǎo 動
マスターする　　挣 zhèng 動 稼ぐ　　零花钱 línghuāqián 名 小遣い銭

● 你快要过生日了。　　　Nǐ kuàiyào guò shēngrì le.

　这是我送给你的生日礼物。　Zhè shì wǒ sònggěi nǐ de shēngrì lǐwù.

● 太高兴了！　　　Tài gāoxìng le!

● 今年的生日你怎么过？　　Jīnnián de shēngrì nǐ zěnme guò?

● 和朋友一起去吃饭。　　Hé péngyou yìqǐ qù chī fàn.

会話即練　6 ||||||||||||||||||||||||||||||||||||||||||||||||||||||

次の会話を中国語でしてみましょう。

● もうすぐお誕生日ですね。これはあなたへのプレゼントです。　　ヒント "快要…了"
● すごくうれしいです。ありがとう。　　ヒント "太…了"
● 今年の誕生日はどのように過ごしますか。　　ヒント "怎么过"
● 友達と食事に行きますが、あなたも来てください。　　ヒント "吧"
● わたしも行きたいです。　　ヒント "想"

**①** 絵を見ながら音声を聞き、日本語で意味を書きなさい。　📢) 64

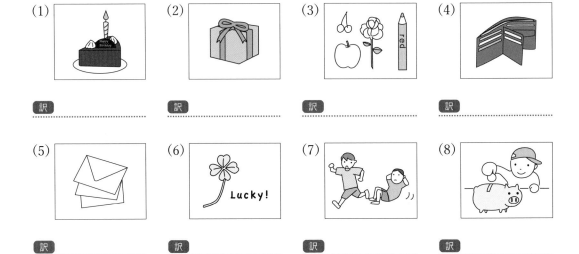

(1) 　訳

(2) 　訳

(3) 　訳

(4) 　訳

(5) 　訳

(6) 　訳

(7) 　訳

(8) 　訳

**②** 音声を聞いて空欄を埋め、完成した文章を日本語に訳した後、音読しなさい。　📢) 65

(1) ......................... 生日快乐！

　訳 →

(2) ......................... 七月 ......................... 。

　訳 →

(3) ......................... 挣零花钱，我去打工。

　訳 →

(4) 我 ......................... 去名古屋 Mínggǔwū 见她。

　訳 →

**③** 音声を聞いて、読まれた順に番号をふりなさい。 🔊》66

A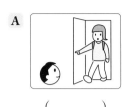

( 　　 )

B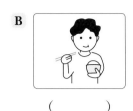

( 　　 )

C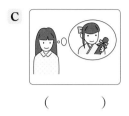

( 　　 )

**④** 日本語の意味になるように、(　　)の語句を並べ替えなさい。

(1) 子供たちはいい暮らしをしています。

（ 过得 / 很 / 孩子们 háizimen / 好 ）

➡ ..............................................................................................................

(2) わたしはもうすぐ大学に着きます。

（ 了 / 大学 / 我 / 马上 / 到 / 就要 ）

➡ ..............................................................................................................

(3) 日本に来たのは日本語をマスターするためです。

（ 为了 / 日语 / 日本 / 学好 / 来 / 是 ）

➡ ..............................................................................................................

**⑤** 次の文章を完成させ、中国語で話しましょう。

朋友过生日的时候，我送给她 / 他了 ....................................................... 。
　　　　　　　　　　　　　　　　　　　　　　　　［数詞＋量詞＋名詞］

我说："祝你生日快乐！"

Lesson7

7

第7課　饺子 餃子
Jiǎozi

**音読と理解・7**　🔊 67

我　在　日本　吃过　的　饺子　大多　是　煎　的。即使　是　水饺，
Wǒ　zài　Rìběn　chīguo　de　jiǎozi　dàduō　shì　jiān　de.　Jíshǐ　shì　shuǐjiǎo,

也　是　放在　汤　里　的　比较　多。现在　在　北京　吃到　的
yě　shì　fàngzài　tāng　li　de　bǐjiào　duō.　Xiànzài　zài　Běijīng　chīdào　de

饺子　多种多样，有　蒸饺，有　不　带　汤　的　水饺，还　有
jiǎozi　duōzhǒngduōyàng,　yǒu　zhēngjiǎo,　yǒu　bú　dài　tāng　de　shuǐjiǎo,　hái　yǒu

一　种　叫　锅贴儿　的　美食。中国人　过年　一定　要　吃　饺子，
yì　zhǒng　jiào　guōtiēr　de　měishí.　Zhōngguórén　guònián　yídìng　yào　chī　jiǎozi,

因为　饺子　代表　辞旧迎新，用　饺子皮　包住　馅儿　意味着
yīnwèi　jiǎozi　dàibiǎo　cíjiùyíngxīn,　yòng　jiǎozipí　bāozhù　xiànr　yìwèizhe

包住　福运。
bāozhù　fúyùn.

**语句**　音読文　🔊 68　- - - - - - - - - - - - - - - - - - - - - - - - - - - - - - - -

饺子 jiǎozi 名 餃子　　　大多 dàduō 副 大部分、ほぼ　　　煎 jiān 動（少量の油を入れて）焼く
即使…也… jíshǐ...yě... 組 たとえ〜としても　　　水饺 shuǐjiǎo 名 水餃子　　　汤 tāng 名 スープ
现在 xiànzài 名 今、現在　　　多种多样 duōzhǒng duōyàng 組 多種多様、いろいろな　　　蒸饺
zhēngjiǎo 名 蒸し餃子　　　叫 jiào 動 〜と呼ぶ　　　锅贴儿 guōtiēr 名（中国式）焼き餃子　　　美食
měishí 名 おいしい食べ物　　　代表 dàibiǎo 動 代表する　　　辞旧迎新 cíjiù yíngxīn 成 旧年を送り
新年を迎える　　　饺子皮 jiǎozi pí 組 餃子の皮　　　包住 bāozhù 動 包み込む　　　馅儿 xiànr 名 具
意味着 yìwèizhe 動（〜を）意味している　　　福运 fúyùn 名 幸運

42

Point 1 "即使…也…" jíshǐ...yě... 接続詞の"即使"と副詞の"也"と連用される。
「たとえ〜としても」「仮に〜としても」 🔊 69

**即使** 忙，**也** 要 坚持 锻炼。
Jíshǐ máng, yě yào jiānchí duànliàn.

**即使** 不 顺利，**也** 不 要 灰心。
Jíshǐ bú shùnlì, yě bú yào huīxīn.

**即使** 你 不 同意，我 **也** 要 去。
Jíshǐ nǐ bù tóngyì, wǒ yě yào qù.

Point 2 "有…有…还有…" yǒu...yǒu...hái yǒu...
「〜もあれば〜もあれば〜もある」「〜もいれば〜もいれば〜もいる」 🔊 70

这里 **有** 日餐，**有** 西餐，**还** **有** 中餐。
Zhèli yǒu rìcān, yǒu xīcān, hái yǒu zhōngcān.

里面 **有** 药，**有** 化妆品，**还** **有** 食品。
Lǐmiàn yǒu yào, yǒu huàzhuāngpǐn, hái yǒu shípǐn.

我 **有** 弟弟，**有** 妹妹，**还** **有** 一 个 姐姐。
Wǒ yǒu dìdi, yǒu mèimei, hái yǒu yí ge jiějie.

Point 3 "一定要…" yídìng yào... 「必ず〜しなければならない」「必ず〜しましょう」
「必ず〜してください」 🔊 71

我 **一定** **要** 学好 外语。
Wǒ yídìng yào xuéhǎo wàiyǔ.

我们 **一定** **要** 常 联系。
Wǒmen yídìng yào cháng liánxì.

你们 **一定** **要** 准时 到。
Nǐmen yídìng yào zhǔnshí dào.

### Point 4 　中華料理いろいろ 　🔊 72

炒饭 chǎofàn チャーハン 　　春卷 chūnjuǎn 春巻き 　　烧卖 shāomài 焼売

小笼包 xiǎolóngbāo 小籠包 　　　担担面 dàndànmiàn 担々麺

回锅肉 huíguōròu 回鍋肉 　　　麻婆豆腐 mápó dòufu 麻婆豆腐

红烧茄子 hóngshāo qiézi 茄子の醤油煮

清炒西兰花 qīngchǎo xīlánhuā ブロッコリーの油炒め

鱼香肉丝 yúxiāng ròusī 野菜とせん切り豚肉の甘辛炒め

西红柿炒鸡蛋 xīhóngshì chǎo jīdàn トマトと卵の炒め

**語句** ポイント&会話 　🔊 73 - - - - - - - - - - - - - - - - - - - - - - - - - - - - - - - - - - -

坚持 jiānchí 動 頑張り続ける 　　锻炼 duànliàn 動 鍛える 　　　灰心 huīxīn 動 気落ちする 　　同意
tóngyì 動 賛成する 　　日餐 rìcān 名 日本料理 　　西餐 xīcān 名 西洋料理 　　中餐 zhōngcān 名
中華料理 　　里面 lǐmiàn 名 中の方 　　药 yào 名 薬 　　化妆品 huàzhuāngpǐn 名 化粧品 　　食品
shípǐn 名 食品 　　外语 wàiyǔ 名 外国語 　　准时 zhǔnshí 形 時間通りに 　　家 jiā 量 店や企業など
を数える 　　中餐馆 zhōng cānguǎn 組 中華料理店 　　尝 cháng 動 味わう

Dialoge

◀))74　　会話・7

● 这家中餐馆的菜，种类很多。　Zhè jiā zhōng cānguǎn de cài, zhǒnglèi hěn duō.

● 有饺子，有春卷，还有烧卖。　Yǒu jiǎozi, yǒu chūnjuǎn, hái yǒu shāomài.

● 这里的春卷特别好吃。　　　　Zhèli de chūnjuǎn tèbié hǎochī.

　你一定要尝尝。　　　　　　　Nǐ yídìng yào chángchang.

● 好吧。　　　　　　　　　　　Hǎo ba.

会話即練　7 ‖‖‖‖‖‖‖‖‖‖‖‖‖‖‖‖‖‖‖‖‖‖‖‖‖‖‖‖‖‖‖‖‖‖‖

次の会話を中国語でしてみましょう。

● ここの餃子は種類が多いですね。

● 水餃子もあれば、蒸し餃子もあるし、（中国式）焼き餃子もあります。　ヒント　"有…有…还有…"
　ここの水餃子はとくに美味しいです。
　ぜひ食べてみてください。　　　　　　　　　　　　　　　　　ヒント　"一定要"

● そうします。

**1** 絵を見ながら音声を聞き、日本語で意味を書きなさい。　🔊 75

(1)

訳 ..................................................

(2)

訳 ..................................................

(3)

訳 ..................................................

(4)

訳 ..................................................

(5)

訳 ..................................................

(6)

訳 ..................................................

(7)

訳 ..................................................

(8)

訳 ..................................................

**2** 音声を聞いて空欄を埋め、完成した文章を日本語に訳した後、音読しなさい。　🔊 76

(1)　我在日本吃 .............................. 。

　　訳 →

(2)　我 .............................. 学好外语。

　　訳 →

(3)　.............................. 下雨，我 .............................. 要去。

　　訳 →

(4)　.............................. 水饺，.............................. 蒸饺，.............................. 锅贴儿。

　　訳 →

③ 音声を聞いて、読まれた順に番号をふりなさい。 🔊 77

A

(　　　　)

B
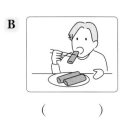
(　　　　)

C

(　　　　)

④ 日本語の意味になるように、(　　)の語句を並べ替えなさい。

(1) たとえ難しくても諦めてはいけません。
　　　　( 难 nán / 也 / 即使 / 灰心 / 不要 )

➡ ............................................................................................................

(2) たとえ忙しくてもわたしは参加します。
　　　　( 忙 / 也 / 我 / 即使 / 参加 cānjiā )

➡ ............................................................................................................

(3) わたしは必ず中国語をマスターしなければなりません。
　　　　( 我 / 汉语 / 一定要 / 学好 )

➡ ............................................................................................................

(4) 健康のために必ずトレーニングを続けなければなりません。
　　　　( 健康 / 为了 / 一定要 / 锻炼 / 坚持 )

➡ ............................................................................................................

⑤ あなたが頑張りたいことを友達と話しましょう。

　　　我一定要 ....................................................................................... 。

*Lesson 8*

8

第8課　聊天儿　おしゃべりする
Liáotiānr

音読と理解・8　◀)) 78

我 和 一 个 韩国 留学生 一边 喝 茶, 一边 聊天儿。我
Wǒ hé yí ge Hánguó liúxuéshēng yìbiān hē chá, yìbiān liáotiānr. Wǒ

不 会 说 韩语, 她 也 不 会 说 日语, 我们 只好 用 汉语
bú huì shuō Hányǔ, tā yě bú huì shuō Rìyǔ, wǒmen zhǐhǎo yòng Hànyǔ

交流。不过, 我们 都 能 听得懂 对方 说 的 汉语。她 说
jiāoliú. Búguò, wǒmen dōu néng tīngdedǒng duìfāng shuō de Hànyǔ. Tā shuō

她 将来 想 当 翻译, 还 希望 找 一 个 帅哥 结婚。我 说
tā jiānglái xiǎng dāng fānyì, hái xīwàng zhǎo yí ge shuàigē jiéhūn. Wǒ shuō

我 想 当 公务员, 希望 找 一 个 善良 的 人 结婚。我们
wǒ xiǎng dāng gōngwùyuán, xīwàng zhǎo yí ge shànliáng de rén jiéhūn. Wǒmen

成了 好 朋友。
chéngle hǎo péngyou.

語句　音読文　◀)) 79 - - - - - - - - - - - - - - - - - - - - - - - - - - - - - - - - - - - - - - - - -

**一边…一边…** yìbiān...yìbiān... 組 ～しながら～する　　**会** huì 助動 ～することができる　　**只好** zhǐhǎo 副 ～するほかない　　**用** yòng 動 使う　　**交流** jiāoliú 動 交流する　　**不过** búguò 接 でも　　**听得懂** tīngdedǒng 組 聞いて理解できる　　**当** dāng 動 従事する、～になる　　**翻译** fānyì 動・名 訳す、通訳、翻訳者　　**希望** xīwàng 動・名 希望する、望む、望み　　**找** zhǎo 動 探す、求める　　**帅哥** shuàigē 名 イケメン　　**结婚** jiéhūn 動 結婚する　　**公务员** gōngwùyuán 名 公務員　　**善良** shànliáng 形 (心が) やさしい、善良である　　**成** chéng 動 ～になる、～となる

## Point 1 "一边…一边…" yìbiān...yìbiān...　　二つの動作を同時に行う。
「〜しながら〜する」　🔊 80

我们　一边　说，一边　笑。
Wǒmen　yìbiān　shuō,　yìbiān　xiào.

他　一边　看　手机，一边　吃饭。
Tā　yìbiān　kàn　shǒujī,　yìbiān　chīfàn.

我　喜欢　一边　散步，一边　听　音乐。
Wǒ　xǐhuan　yìbiān　sànbù,　yìbiān　tīng　yīnyuè.

## Point 2 副詞 "只好" zhǐhǎo　　ほかに選択する余地がない。
「〜するほかない」「〜せざるを得ない」　🔊 81

他　道歉　了，只好　原谅。
Tā　dàoqiàn　le,　zhǐhǎo　yuánliàng.

我　发烧　了，只好　在　家　休息。
Wǒ　fāshāo　le,　zhǐhǎo　zài　jiā　xiūxi.

没有　时间　了，只好　不　等　他　了。
Méiyǒu　shíjiān　le,　zhǐhǎo　bù　děng　tā　le.

## Point 3 可能補語　　動詞 + "得"/"不" + 結果補語 or 方向補語など　🔊 82

六　点　可能　回不来。　　　　　　　　　戻って来られない
Liù　diǎn　kěnéng　huíbulái.

他　说得　很　慢，我　听得懂。　　　　　（聞いて）理解できる
Tā　shuōde　hěn　màn,　wǒ　tīngdedǒng.

他　的　演唱会　很　有　人气，买不到　票。　　手に入らない
Tā　de　yǎnchànghuì　hěn　yǒu　rénqì,　mǎibudào　piào.

Point

**4** 動詞 "希望" xīwàng　　後ろに動詞句や主述句を目的語にとることが多い。
「希望する」「望む」　　🔊83

我们　**希望**　你　一切　顺利。
Wǒmen xīwàng nǐ yíqiè shùnlì.

他　**希望**　将来　当　公务员。
Tā xīwàng jiānglái dāng gōngwùyuán.

她　**希望**　有　一　个　幸福　的　家庭。
Tā xīwàng yǒu yí ge xìngfú de jiātíng.

我　**不**　**希望**　再　有　这样　的　事　了。
Wǒ bù xīwàng zài yǒu zhèyàng de shì le.

**語句**　ポイント&会話　🔊84 - - - - - - - - - - - - - - - - - - - - - - - - - - - - - -

笑 xiào 動笑う　　手机 shǒujī 名携帯電話　　散步 sànbù 動散歩する　　音乐 yīnyuè 名音楽
道歉 dàoqiàn 動謝る　　原谅 yuánliàng 動許す　　发烧 fāshāo 動熱が出る　　等 děng 動待つ
可能 kěnéng 助動〜かも知れない　　慢 màn 形ゆっくりである　　人气 rénqì 名人気　　票 piào
名チケット　　幸福 xìngfú 形幸せである　　家庭 jiātíng 名家庭　　再 zài 副再び、また
这样 zhèyàng 代このような　　事 shì 名事、用事　　偶像 ǒuxiàng 名アイドル　　中奖
zhòngjiǎng 動当選する　　好不容易 hǎoburóngyì 副やっと、ようやく

*Dialoge*

● 我希望早日见到那个偶像。 　　　Wǒ xīwàng zǎorì jiàndào nà ge ǒuxiàng.

● 我买不到票，真着急。 　　　　Wǒ mǎibudào piào, zhēn zháojí.

● 这次我好不容易中奖了。 　　　Zhè cì wǒ hǎoburóngyì zhòngjiǎng le.

● 我只好等下次了。 　　　　　　Wǒ zhǐhǎo děng xià cì le.

下次一起去吧。 　　　　　　　Xià cì yìqǐ qù ba.

**会話即練 8**

次の会話を中国語でしてみましょう。

● 一日も早くあのアイドルに会いたいです。　　　　ヒント "希望"

● （あなたは）今回当選しましたね。

● やっとですよ。

● わたしは次回まで待つしかないです。　　　　　　ヒント "只好"
今度一緒に行きましょう。

トレーニング・8

**1** 絵を見ながら音声を聞き、日本語で意味を書きなさい。 🔊)) 86

(1)

訳 ....................

(2)

訳 ....................

(3)

訳 ....................

(4)

訳 ....................

(5)

訳 ....................

(6)

訳 ....................

(7)

No.1

訳 ....................

(8)

訳 ....................

**2** 音声を聞いて空欄を埋め、完成した文章を日本語に訳した後、音読しなさい。 🔊)) 87

(1) 你说的汉语，我 ......................... 。

訳 →

(2) 我 ......................... 大家都能参加。

訳 →

(3) 他不会说日语，我 ......................... 说英语。

訳 →

(4) 我们 ......................... 吃饭 ......................... 聊天儿。

訳 →

52

③ 音声を聞いて、読まれた順に番号をふりなさい。　🔊88

A 　　　B 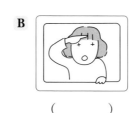　　　C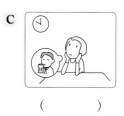

（　　　）　　　　　（　　　）　　　　　（　　　）

④ 日本語の意味になるように、（　　　）の語句を並べ替えなさい。

(1) すごく人気なので、手に入らない。
　　　　　（ 买不到 ／ 了 ／ 太 ／ 人气 ／ 有 ）

　➡ ....................................................................

(2) 彼女は音楽を聴きながら携帯を見ています。
　　　　　（ 看 ／ 音乐 ／ 手机 ／ 听 ／ 她 ／ 一边 ／ 一边 ）

　➡ ....................................................................

(3) わたしは将来中国語でコミュニケーションを取れるようにしたいです。
　　　　　（ 汉语 ／ 将来 ／ 我 ／ 用 ／ 交流 ／ 希望 ／ 能 ）

　➡ ....................................................................

(4) 今日はスーパーが休みなので、コンビニで買い物するほかありません。
　　　　　（ 超市 ／ 今天 ／ 休息 ／ 买东西 ／ 便利店 ／ 在 ／ 只好 ）

　➡ ....................................................................

⑤ 友達と将来の夢について話しましょう。

　　　我希望将来 .................................................。

第9課 **旅游** 旅行する
Lǚyóu

朋友 约 我 一起 参加 成都 三日游, 他 给 我 介绍了
Péngyou yuē wǒ yìqǐ cānjiā Chéngdū sānrìyóu, tā gěi wǒ jièshàole

这 趟 旅游 行程 的 魅力。他 说 我们 不但 能 吃到
zhè tàng lǚyóu xíngchéng de mèilì. Tā shuō wǒmen búdàn néng chīdào

正宗 的 川菜, 还 能 爬到 峨眉山 上 观看 美丽 的
zhèngzōng de chuāncài, hái néng pádào Éméishān shang guānkàn měilì de

景色。峨眉山 上 有 很 多 猴子, 它们 会 围着 你 要 吃 的,
jǐngsè. Éméishān shang yǒu hěn duō hóuzi, tāmen huì wéizhe nǐ yào chī de,

一点儿 也 不 怕 人, 有时候 反而 是 游客 怕 它们。
yìdiǎnr yě bú pà rén, yǒushíhou fǎn'ér shì yóukè pà tāmen.

語句 音読文 ◀))90 ---------------------------------------

约 yuē 動 誘う    成都 Chéngdū 固 四川省の省都    三日游 sānrìyóu 名 2泊3日の旅行    趟
tàng 量 往来の回数を数える    行程 xíngchéng 名 日程、行程    魅力 mèilì 名 魅力    正宗
zhèngzōng 形 本場の    川菜 chuāncài 名 四川料理    爬 pá 動 登る    不但…还…
búdàn...hái... 組 ～だけでなく、また…    峨眉山 Éméishān 固「中国仏教四大名山」の一つ    观看
guānkàn 動 眺める、観覧する    美丽 měilì 形 美しい    景色 jǐngsè 名 景色    猴子 hóuzi 名
サル    它们 tāmen 代 それら、あれら    围 wéi 動 囲む    一点儿也不… yìdiǎnr yě bù... 組
少しも～しない    怕 pà 動 恐れる、怖がる    有时候 yǒushíhou 副 時には、～することがある
反而 fǎn'ér 副 かえって    游客 yóukè 名 観光客

### Point 1　二つの"给" gěi　🔊 91

① 前置詞 "给"　「～に」「～のために」

我　**给**　你　打　电话。
Wǒ　gěi　nǐ　dǎ　diànhuà.

我　**给**　他　写　信　了。
Wǒ　gěi　tā　xiě　xìn　le.

他　**给**　我　介绍　他　的　朋友。
Tā　gěi　wǒ　jièshào　tā　de　péngyou.

② 動詞 "给"　「(人にものを) 与える、やる、くれる」

我　**给**　你　一　张　票。
Wǒ　gěi　nǐ　yì　zhāng　piào.

他　**给了**　我　一　杯　咖啡。
Tā　gěile　wǒ　yì　bēi　kāfēi.

她　**给了**　我　一　条　围巾。
Tā　gěile　wǒ　yì　tiáo　wéijīn.

### Point 2　"不但…还…" búdàn…hái…　「～だけではなく、また…」
"不但"は接続詞、"还"は副詞。　🔊 92

我们　**不但**　是　姐妹，**还**　是　朋友。
Wǒmen　búdàn　shì　jiěmèi,　hái　shì　péngyou.

她　**不但**　去过　德国，**还**　去过　法国。
Tā　búdàn　qùguo　Déguó,　hái　qùguo　Fǎguó.

他　**不但**　会　说　英语，**还**　会　说　日语。
Tā　búdàn　huì　shuō　Yīngyǔ,　hái　huì　shuō　Rìyǔ.

Point

**3 持続の"着"zhe** 動詞の後ろにつけて、動作や状態の持続を表す。
「〜してある」「〜している」 否定は"没有"を用いる。

🔊 93

桌子 上 摆**着** 他 的 画儿。
Zhuōzi shang bǎizhe tā de huàr.

日历 上 **没** 写**着** 具体 的 计划。
Rìlì shang méi xiězhe jùtǐ de jìhuà.

我 正 想**着** 怎么 给 他 回信 呢。　　　＊進行形と相性がよい
Wǒ zhèng xiǎngzhe zěnme gěi tā huíxìn ne.

Point

**4 "一点儿也不…"yìdiǎnr yě bù…** 「少しも〜しない」「ちっとも〜でない」

🔊 94

他 一点儿 也 不 怕。
Tā yìdiǎnr yě bú pà.

她 一点儿 也 不 生气。
Tā yìdiǎnr yě bù shēngqì.

我 一点儿 也 不 想 去。
Wǒ yìdiǎnr yě bù xiǎng qù.

---

語句　ポイント＆会話　🔊 95　- - - - - - - - - - - - - - - - - - - - - - - - - - - -

介绍 jièshào 動 紹介する　　　张 zhāng 量 紙などを数える　　　条 tiáo 量 細長いものなどを数える
围巾 wéijīn 名 マフラー、スカーフ　　　姐妹 jiěmèi 名 姉妹　　　德国 Déguó 固 ドイツ　　　法国
Fǎguó 固 フランス　　　桌子 zhuōzi 名 机　　　摆 bǎi 動 置く、並べる　　　画儿 huàr 名 絵　　　日历
rìlì 名 カレンダー　　　具体 jùtǐ 形 具体的である　　　计划 jìhuà 名 計画　　　想 xiǎng 動 考える、思う
回信 huíxìn 動 返信する　　　导游图 dǎoyóutú 名 ガイドマップ　　　暑假 shǔjià 名 夏休み　　　问题
wèntí 名 質問、問題

*Dialoge*

🔊 96

○ 我参加了北海道三日游。　　Wǒ cānjiāle Běihǎidào sānrìyóu.

● 我也想去，给我介绍介绍吧。　Wǒ yě xiǎng qù, gěi wǒ jièshàojieshao ba.

○ 给你这张导游图。　　　　　Gěi nǐ zhè zhāng dǎoyóutú.

　 这里写着具体行程。　　　　Zhèlǐ xiězhe jùtǐ xíngchéng.

● 谢谢！　　　　　　　　　　Xièxie!

---

**会話即練　9**

次の会話を中国語でしてみましょう。

○ 夏休みに二泊三日の○○旅行に参加しました。

● わたしも行きたいです。（わたしに）紹介してください。　　**ヒント** 前置詞 "给"

○ このガイドマップをあげます。　　　　　　　　　　　　　　**ヒント** 動詞 "给"

　 ここに具体的な日程が書いてあります。　　　　　　　　　　**ヒント** 動詞＋"着"

● ありがとう！

トレーニング・9

**1** 絵を見ながら音声を聞き、日本語で意味を書きなさい。　◀ 🔊 97

(1) ［絵］

訳 ......................................

(2) ［絵］

訳 ......................................

(3) ［絵］

訳 ......................................

(4) ［絵］

訳 ......................................

(5) ［絵］

訳 ......................................

(6) ［絵］

訳 ......................................

(7) ［絵］

訳 ......................................

(8) ［絵］

訳 ......................................

**2** 音声を聞いて空欄を埋め、完成した文章を日本語に訳した後、音読しなさい。　◀ 🔊 98

(1) 我 ............................... 想吃饭。

訳 →

(2) 大家围 ............................... 老师问问题。

訳 →

(3) 我 ............................... 你们介绍我们大学。

訳 →

(4) 他 ............................... 看得懂, ............................... 听得懂。

訳 →

③ 音声を聞いて、読まれた順に番号をふりなさい。 🔊 99

A       B       C

（　　　）      （　　　）      （　　　）

④ 日本語の意味になるように、（　　）の語句を並べ替えなさい。

(1) 彼らはいまテレビを見ています。

（ 电视 / 正 / 着 / 看 / 他们 / 呢 ）

➡ ....................................................................................................

(2) 彼女はわたしたちに中国の四川料理を紹介してくれました。

（ 给 / 她 / 我们 / 中国 / 介绍了 / 川菜 / 的 ）

➡ ....................................................................................................

(3) その服は安いだけでなく、とてもきれいです。

（ 那件 / 便宜 / 不但 / 衣服 / 很 / 还 / 漂亮 piàoliang ）

➡ ....................................................................................................

⑤ 次の文章を完成させ、中国語で話しましょう。

我去过 ........................[場所]，我想给你介绍介绍。

那里的 ................... 很美丽，................... 也很好吃。

Lesson 10

10

音読と理解・10　🔊100

网上　购物　的确　很　方便，想　要　什么　就　能　买到
Wǎngshàng gòuwù díquè hěn fāngbiàn, xiǎng yào shénme jiù néng mǎidào

什么，价格　也　比较　便宜，而且　还　送货上门，要是　快，
shénme, jiàgé yě bǐjiào piányì, érqiě hái sònghuòshàngmén, yàoshi kuài,

当天　就　到货　了。可是，网购　也　有　一些　问题，比如　只
dàngtiān jiù dàohuò le. Kěshì, wǎnggòu yě yǒu yìxiē wèntí, bǐrú zhǐ

能　在　网上　看到　商品　的　照片，看不到　商品　的　原样，
néng zài wǎngshàng kàndào shāngpǐn de zhàopiàn, kànbudào shāngpǐn de yuányàng,

有时候　不　能　让　你　完全　满意。看来　什么　事情　都　不
yǒushíhou bù néng ràng nǐ wánquán mǎnyì. Kànlái shénme shìqing dōu bù

可能　十全十美。
kěnéng shíquánshíměi.

語句　音読文　🔊101 -------------------------------------------------

网购 wǎnggòu 動 ネットショッピング　　网上 wǎngshàng 名 ネット上　　购物 gòuwù 動 買い物をする　　的确 díquè 副 確かに　　价格 jiàgé 名 値段、価格　　而且 érqiě 接 その上　　送货上门 sònghuò shàngmén 組 指定する場所まで配達する　　当天 dàngtiān 名 当日　　到货 dàohuò 動 着荷する　　要是…就… yàoshi...jiù... 組 もし〜ならば…　　一些 yìxiē 数量 若干（の）、何らかの　　比如 bǐrú 動 たとえば　　商品 shāngpǐn 名 商品　　原样 yuányàng 名 元の様子　　让 ràng 動 〜させる　　完全 wánquán 副 完全に、すべて　　看来 kànlái 動 見たところ〜ようだ　　事情 shìqing 名 事　　十全十美 shíquán shíměi 成 完璧である

## Point 1 同一疑問代詞の呼応用法

前後二つの疑問代詞は同じものを指す。
後の文に副詞"就"を置くこともある。　　◀))102

你　喜欢　**什么**，就　买　**什么**。
Nǐ　xǐhuan　shénme,　jiù　mǎi　shénme.

你　**几**　点　回来，就　**几**　点　吃　饭。
Nǐ　jǐ　diǎn　huílai,　jiù　jǐ　diǎn　chī　fàn.

你　想　去　**哪儿**，我　就　带　你　去　**哪儿**。
Nǐ　xiǎng　qù　nǎr,　wǒ　jiù　dài　nǐ　qù　nǎr.

## Point 2 "要是…就…" yàoshi…jiù…

仮定と結果
「もしも～ならば、（その場合には）…」
◀))103

**要是**　你　喜欢，我　**就**　给　你　买。
Yàoshi　nǐ　xǐhuan,　wǒ　jiù　gěi　nǐ　mǎi.

**要是**　有　兴趣，我们　**就**　一起　去。
Yàoshi　yǒu　xìngqù,　wǒmen　jiù　yìqǐ　qù.

**要是**　有　什么　问题，**就**　随时　跟　我　联系。
Yàoshi　yǒu　shénme　wèntí,　jiù　suíshí　gēn　wǒ　liánxì.

## Point 3 使役文　S + "让 ràng／叫 jiào" + O + V

「SがOに～させる」「SがOに～するように言う」　◀))104

他　**让**　我　赶紧　去。
Tā　ràng　wǒ　gǎnjǐn　qù.

**叫**　我　也　试试　吧。
Jiào　wǒ　yě　shìshi　ba.

他们　**不**　**让**　我　告诉　别人。
Tāmen　bú　ràng　wǒ　gàosu　biérén.

\* "让"や"叫"の前に否定辞を置く

Point
④ "看来…" kànlái… 推量を表す。 「見たところ～ようだ」 🔊105

**看来** 你 很 忙。
Kànlái nǐ hěn máng.

**看来** 很 有 希望。
Kànlái hěn yǒu xīwàng.

**看来** 他 不 会 来 了。
Kànlái tā bú huì lái le.

**看来** 你们 是 知心 朋友。
Kànlái nǐmen shì zhīxīn péngyou.

---

語句 ポイント&会話 🔊106 - - - - - - - - - - - - - - - - - - - - - - - - - - - - - - -

点 diǎn 量 ～時  　　興趣 xìngqù 名 興味  　　随时 suíshí 副 いつでも  　　叫 jiào 動 ～させる
赶紧 gǎnjǐn 副 大急ぎで、できるだけ早く  　　试 shì 動 試す  　　别人 biérén 代 他人  　　知心
zhīxīn 形 気心の知れている、深く理解し合っている  　　买东西 mǎi dōngxi 組 買い物する  　　今天
jīntiān 名 今日  　　打五折 dǎ wǔzhé 組 5割引する  　　合算 hésuàn 形 買い得  　　啊 a 助 文末に
用いてさまざまな語気を表す

62

● 你常在网上买东西吗？　　Nǐ cháng zài wǎngshàng mǎi dōngxi ma?

● 要是便宜，我就买。　　Yàoshi piányi, wǒ jiù mǎi.

● 今天我买了一件衣服，打五折。　　Jīntiān wǒ mǎile yí jiàn yīfu, dǎ wǔzhé.

● 看来很合算，让我看看吧。　　Kànlái hěn hésuàn, ràng wǒ kànkan ba.

● 好啊。　　Hǎo a.

打五折

**会話即練　10**

次の会話を中国語でしてみましょう。

● ネットでよく買い物をしますか。

● 安ければ買います。　　ヒント "要是…就…"

● 今日洋服を買いました。5割引きでした。

● お買い得のようで、見せてもらえますか。　　ヒント "看来"、"让"

● いいですよ。

**1** 絵を見ながら音声を聞き、日本語で意味を書きなさい。　🔊 108

(1)

　SALE

訳 ..............................................

(2)

| 6 | 7 | 8 | 9 |
|---|---|---|---|
| 13 | 14 | 15 | 16 |
| 17 | 18 | 19 | 20 |
Today

訳 ..............................................

(3)

　PRICE
　¥

訳 ..............................................

(4)

訳 ..............................................

(5)

訳 ..............................................

(6)

訳 ..............................................

(7)

　☆ ☆ ☆

訳 ..............................................

(8)

訳 ..............................................

**2** 音声を聞いて空欄を埋め、完成した文章を日本語に訳した後、音読しなさい。　🔊 109

(1) ............................... 想吃, ............................... 就吃吧。

　訳 →

(2) 你 ............................... 有时间，就 ............................... 来。

　訳 →

(3) 想要 ..............................., 就能买到 ...............................。

　訳 →

(4) 你喜欢 ..............................., 我们就去 ...............................。

　訳 →

③ 音声を聞いて、読まれた順に番号をふりなさい。　🔊》110

A 　　　B 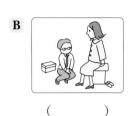　　　C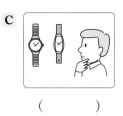

（　　　）　　　　　　（　　　　　）　　　　　　（　　　　　）

④ 日本語の意味になるように、（　　）の語句を並べ替えなさい。

(1) 明日参加するかどうかをわたしに考えさせてください。
　　　　（ 让 / 明天 / 想想 / 我 / 参加 / 不参加 ）

　➡ ......................................................................................................

(2) もしあなたが来られないなら、わたしに電話してください。
　　　　（ 不能 / 你 / 来 / 要是 / 我 / 给 / 打 / 就 / 电话 ）

　➡ ......................................................................................................

(3) 見たところ彼はわたしが留学に行くことに賛成ではないようです。
　　　　（ 他 / 不同意 / 看来 / 留学 / 我 / 去 ）

　➡ ......................................................................................................

⑤ ネットショッピングについて中国語で自分の意見を言ってみましょう。

　　賛成／反対理由：　① .................................................................。

　　　　　　　　　　　② .................................................................。

Lesson 11

11

第11課　**宠物**　ペット
Chǒngwù

**音読と理解・11**　🔊111

我　家　有　一　只　特别　可爱　的　小狗，前　几　天　生病
Wǒ　jiā　yǒu　yì　zhī　tèbié　kě'ài　de　xiǎo gǒu,　qián　jǐ　tiān　shēngbìng

了。它　一　生病，我　就　很　着急，坐立不安。今天　妈妈　打
le.　Tā　yì　shēngbìng,　wǒ　jiù　hěn　zháojí,　zuòlìbù'ān.　Jīntiān　māma　dǎ

电话　告诉　我　不用　担心，昨天　就　开始　好转　了，今天　又
diànhuà　gàosu　wǒ　búyòng　dānxīn,　zuótiān　jiù　kāishǐ　hǎozhuǎn　le,　jīntiān　yòu

活蹦乱跳起来　了。小　狗　的　名字　叫"索拉"。你　也　养
huóbèngluàntiàoqǐlai　le.　Xiǎo　gǒu　de　míngzi　jiào　"Suǒlā".　Nǐ　yě　yǎng

宠物　吗？它　的　名字　叫　什么？
chǒngwù　ma?　Tā　de　míngzi　jiào　shénme?

**語句**　音読文　🔊112 - - - - - - - - - - - - - - - - - - - - - - - - - - - - - - - - - - - - - - -

宠物 chǒngwù 名 ペット　　　只 zhī 量 動物などを数える　　　可爱 kě'ài 形 かわいい　　　它 tā 代
（事物あるいは動物を指示する）それ、そのもの　　　一…就… yī...jiù... 組 ～すると、すぐ…　　　生病
shēngbìng 動 病気になる　　　坐立不安 zuòlì bù'ān 成 居ても立ってもいられない　　　不用 búyòng 副
～する必要がない　　　担心 dānxīn 動 心配する　　　昨天 zuótiān 名 昨日　　　就 jiù 副 すでに
好转 hǎozhuǎn 動 好転する、回復に向かう　　　又 yòu 副 また　　　活蹦乱跳 huóbèng luàntiào 成
元気よく跳ね回る様子　　　叫 jiào 動 （名前は）～という　　　养 yǎng 動 飼う、養う

第
11
課

**Point 1** "一…就…" yī…jiù…　　前の動作を行うと、すぐ次の動作・状態が発生する。
「(〜すると) すぐ」「(〜すると) 必ず」　🔊 113

他　一　接到　电话　**就**　来　了。
Tā　yì　jiēdào　diànhuà　jiù　lái　le.

一　有　时间，她　**就**　去　锻炼。
Yì　yǒu　shíjiān,　tā　jiù　qù　duànliàn.

一　听　那　首　歌，**就**　喜欢上　了。
Yì　tīng　nà　shǒu　gē,　jiù　xǐhuanshàng　le.

**Point 2** 副詞 "不用" búyòng　　「〜する必要がない」「〜するには及ばない」　🔊 114

你　**不用**　担心。
Nǐ　búyòng　dānxīn.

我们　是　朋友，**不用**　客气。
Wǒmen　shì　péngyou,　búyòng　kèqi.

这么　小　的　事，**不用**　介意。
Zhème　xiǎo　de　shì,　búyòng　jièyì.

**Point 3** 副詞 "就" jiù　　「もうすでに」「とっくに」「はやくも」　🔊 115

五　点　**就**　起床　了。
Wǔ　diǎn　jiù　qǐchuáng　le.

他　从　小　**就**　喜欢　滑冰。
Tā　cóng　xiǎo　jiù　xǐhuan　huábīng.

从　小学　**就**　开始　学　英语　了。
Cóng　xiǎoxué　jiù　kāishǐ　xué　Yīngyǔ　le.

Point

④ 副詞 "又" yòu　　すでに重複した動作に用いる。　「また〜（した）」　🔊116

她　今天　又　来　了。
Tā　jīntiān　yòu　lái　le.

我　又　看了　一　遍。
Wǒ　yòu　kànle　yí　biàn.

足球　比赛　又　赢　了。
Zúqiú　bǐsài　yòu　yíng　le.

真　对不起, 我　又　忘　了。
Zhēn　duìbuqǐ,　wǒ　yòu　wàng　le.

---

**語句**　ポイント＆会話　🔊117 - - - - - - - - - - - - - - - - - - - - - - - - - - - - - - -

**接到** jiēdào 動 受け取る　　　**首** shǒu 量 歌などを数える　　　**喜欢上** xǐhuanshàng 動 好きになる
**客气** kèqi 動 遠慮する　　　**介意** jièyì 動 気にする　　　**起床** qǐchuáng 動 起床する　　　**从** cóng 前置
〜から　　　**滑冰** huábīng 動 スケートをする　　　**小学** xiǎoxué 名 小学校　　　**开始** kāishǐ 動 始まる、
始める　　　**遍** biàn 量 動作の回数を数える　　　**足球** zúqiú 名 サッカー　　　**比赛** bǐsài 名 試合　　　**赢**
yíng 動 (勝負に) 勝つ　　　**忘** wàng 動 忘れる　　　**猫** māo 名 猫

68

● 你养宠物吗？ Nǐ yǎng chǒngwù ma?

● 我养了一只小猫。 Wǒ yǎngle yì zhī xiǎo māo.

我一回家就跟它玩儿。 Wǒ yì huí jiā jiù gēn tā wánr.

● 我养了一只小狗。 Wǒ yǎngle yì zhī xiǎo gǒu.

今天六点就带它去散步了。 Jīntiān liù diǎn jiù dài tā qù sànbù le.

**会話即練　11**

次の会話を中国語でしてみましょう。

● ペットを飼っていますか。 ヒント "养"

● 子犬を飼っています。
家に帰ると、遊んであげています。 ヒント "一…就…"

● わたしも子犬を飼っています。
今日 6 時半に散歩に連れて行きました。 ヒント "就"

**1** 絵を見ながら音声を聞き、日本語で意味を書きなさい。　📢))119

(1)　訳 ...................................

(2)　訳 ...................................

(3)　訳 ...................................

(4)　訳 ...................................

(5)　訳 ...................................

(6)　訳 ...................................

(7)　訳 ...................................

(8)　訳 ...................................

**2** 音声を聞いて空欄を埋め、完成した文章を日本語に訳した後、音読しなさい。　📢))120

(1)　你 ...................................　着急。

　　　訳 →

(2)　九点上课，我八点 ...................................　来了。

　　　訳 →

(3)　她 ...................................　不来上课，我 ...................................　很担心。

　　　訳 →

(4)　这首歌太好听 hǎotīng 了，我 ...................................　听了一遍。

　　　　　　　　　　　　　　　　　　　好听：(聴いて) すばらしい

　　　訳 →

③ 音声を聞いて、読まれた順に番号をふりなさい。 🔊)) 121

A 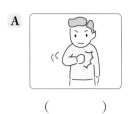　( 　　　 )

B 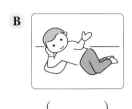　( 　　　 )

C 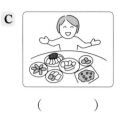　( 　　　 )

④ 日本語の意味になるように、( 　 )の語句を並べ替えなさい。

(1) 子犬が病気になると、わたしはすごく心配します。

( 一 / 就 / 生病 / 小狗 / 特別 / 我 / 担心 )

➡ ...................................................................................................

(2) あなたはもう謝ったので、気にしなくてよいです。

( 已经 / 你 / 了 / 道歉 / 介意 / 不用 )

➡ ...................................................................................................

(3) あの本はとても面白かったので、わたしはもう一度読みました。

( 书 / 很 / 那本 / 有意思 yǒu yìsi / 我 / 看了 / 又 / 一遍 )

➡ ...................................................................................................

⑤ 次の文章を完成させ、中国語で話しましょう。

例：我养了 ................................................ ［数詞＋量詞＋名詞］。

它特别可爱，我每天跟它一起 ................................................ ［すること］。

Lesson 12

# 12

第12課 **找工作** 仕事を探す
Zhǎo gōngzuò

音読と理解・12  ◀)) 122

一 个 朋友 从 大三 开始 找 工作, 最终 被 一 家
Yí ge péngyou cóng dàsān kāishǐ zhǎo gōngzuò, zuìzhōng bèi yì jiā

公司 录用了。他 的 招聘 信息 多 是 从 求职网 获取 的。
gōngsī lùyòngle. Tā de zhāopìn xìnxī duō shì cóng qiúzhíwǎng huòqǔ de.

看到 适合 自己 的 就 积极 报名, 先 提交 简历, 然后 等
Kàndào shìhé zìjǐ de jiù jījí bàomíng, xiān tíjiāo jiǎnlì, ránhòu děng

公司 答复。他 说 开始 不 太 顺利, 有点儿 不 自信, 可是
gōngsī dáfù. Tā shuō kāishǐ bú tài shùnlì, yǒudiǎnr bú zìxìn, kěshì

经过 一 年 的 努力, 最后 找到了 比较 满意 的 工作。
jīngguò yì nián de nǔlì, zuìhòu zhǎodàole bǐjiào mǎnyì de gōngzuò.

語句  音読文  ◀)) 123 - - - - - - - - - - - - - - - - - - - - - - - - - - - - - - - - - - -

**大三** dàsān 图 大学三年生　　**最终** zuìzhōng 图 最終、最後　　**被** bèi 前置 〜に〜される　　**公司**
gōngsī 图 会社　　**录用** lùyòng 動 採用する　　**招聘** zhāopìn 動 招聘する、募集する　　**信息** xìnxī
图 情報　　**求职网** qiúzhíwǎng 图 求人サイト　　**获取** huòqǔ 動 得る　　**积极** jījí 形 積極的である
**报名** bàomíng 图 応募する、申し込む　　**先** xiān 副 先に、まず　　**提交** tíjiāo 動 提出する　　**简历**
jiǎnlì 图 略歴　　**然后** ránhòu 接 それから　　**答复** dáfù 動 返事する、回答する　　**有点儿**
yǒudiǎnr 副 少し　　**自信** zìxìn 動・名 自信がある、自信　　**经过** jīngguò 動 (時間が) かかる、
経過する　　**最后** zuìhòu 图 最後　　**找到** zhǎodào 動 見つかる、見つける

第
12
課

**Point 1** 受身を表す"被"bèi　　A +"被"(+ B) + 動詞など
「A は B に〜される」　🔊)124

我　被　雨　淋湿　了。
Wǒ　bèi　yǔ　línshī　le.

她　常　被　老师　表扬。
Tā　cháng　bèi　lǎoshī　biǎoyáng.

这　本　书　被　翻译成　日语　了。
Zhè　běn　shū　bèi　fānyìchéng　Rìyǔ　le.

**Point 2** "是…的"shì…de 構文　　すでに起こったことについて
「いつ、どこで、どのように」等を「説明」する。

🔊)125

这　是　去年　在　美国　买　的。
Zhè　shì　qùnián　zài　Měiguó　mǎi　de.

我　是　跟　朋友　一起　去　的。
Wǒ　shì　gēn　péngyou　yìqǐ　qù　de.

我们　今天　不　是　坐　地铁　来　的。
Wǒmen　jīntiān　bú　shì　zuò　dìtiě　lái　de.

**Point 3** "先…然后…"xiān…ránhòu…　　よく"再"と一緒に用いる。
「まず〜して、それから〜する」　🔊)126

先　发　邮件，然后　再　打　电话。
Xiān　fā　yóujiàn,　ránhòu　zài　dǎ　diànhuà.

先　在　车站　集合，然后　一起　去。
Xiān　zài　chēzhàn　jíhé,　ránhòu　yìqǐ　qù.

先　把　英语　学好，然后　再　去　留学。
Xiān　bǎ　Yīngyǔ　xuéhǎo,　ránhòu　zài　qù　liúxué.

Point

④ 副詞 "有点儿" yǒudiǎnr

動詞や形容詞などの前に置く。
望ましくないことについて言うことが多い。
「少し」「いささか」「どうも」　🔊 127

我　**有点儿**　后悔。
Wǒ　yǒudiǎnr　hòuhuǐ.

我　**有点儿**　犹豫。
Wǒ　yǒudiǎnr　yóuyù.

她　**有点儿**　不　舒服。
Tā　yǒudiǎnr　bù　shūfu.

他　**有点儿**　不　高兴。
Tā　yǒudiǎnr　bù　gāoxìng.

**語句** ポイント&会話　🔊 128 - - - - - - - - - - - - - - - - - - - - - - - - - - - - - -

淋湿 línshī 動 びっしょりぬれる　　表扬 biǎoyáng 動 褒める　　本 běn 量 (書物など) 冊　　美国 Měiguó 固 アメリカ　　地铁 dìtiě 名 地下鉄　　集合 jíhé 動 集合する　　后悔 hòuhuǐ 動 後悔する　　犹豫 yóuyù 形 ためらう、決しかねる　　不行 bùxíng 形 だめだ、いけない

*Dialoge*

● 你是怎么找到工作的？　　　Nǐ shì zěnme zhǎodào gōngzuò de?

● 先在网上报名，然后等答复。　Xiān zài wǎngshàng bàomíng, ránhòu děng dáfù.

● 我也试了，都不行。　　　　Wǒ yě shì le, dōu bùxíng.

　有点儿不自信了。　　　　　Yǒudiǎnr bú zìxìn le.

● 一定会找到的。　　　　　　Yídìng huì zhǎodào de.

会話即練　12 |||||||||||||||||||||||||||||||||||||||||||||||||||||||||

次の会話を中国語でしてみましょう。

● どうやって見つけたのですか。　　　　　　　　　　　ヒント "是…的"

● まずネットで申し込んで、それから返事を待ちます。　　ヒント "先…然后…"

● わたしも試しましたが、どれもだめでした。
　少し自信をなくしてしまいました。　　　　　　　　　ヒント "有点儿"

● きっと見つかりますよ。　　　　　　　　　　　　　　ヒント "一定会…的"

## トレーニング・12

**1** 絵を見ながら音声を聞き、日本語で意味を書きなさい。　◀)) 130

(1) JOB JOB

訳 .............................................................

(2)

訳 .............................................................

(3)

訳 .............................................................

(4)

訳 .............................................................

(5)

訳 .............................................................

(6)

訳 .............................................................

(7)

訳 .............................................................

(8)

訳 .............................................................

**2** 音声を聞いて空欄を埋め、完成した文章を日本語に訳した後、音読しなさい。　◀)) 131

(1) 她 ........................... 不高兴，不知道为什么。

　　訳 →

(2) 他好不容易 ........................... 那家大公司录用了。

　　訳 →

(3) 你 ........................... 打电话，........................... 再来。

　　訳 →

(4) 今天我 ........................... 坐电车来 ........................... 。

　　訳 →

76

③ 音声を聞いて、読まれた順に番号をふりなさい。 🔊 132

A

( )

B
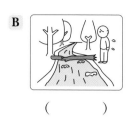
( )

C
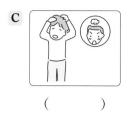
( )

第12課

④ 日本語の意味になるように、( ) の語句を並べ替えなさい。

(1) わたしはまず家に帰って、それからアルバイトに行きます。

（ 回家 / 先 / 去 / 然后 / 我 / 打工 ）

➡
.................................................................................

(2) わたしは車で来たのではなく、電車で来たのです。

（ 不是 / 我 / 的 / 开车 / 来 / 来 / 是 / 的 / 坐 / 电车 ）

➡
.................................................................................

(3) 採用されなかったのは少し残念でしたが、また今度頑張りましょう。

（ 被 / 录取 / 没 / 遗憾 / 有点儿 / 下次 / 努力 / 吧 / 再 ）

➡
.................................................................................

⑤ 本文の内容に基づいて質問に答えましょう。

(1) 他是从什么时候开始找工作的？

➡
.................................................................................

(2) 他经过多长时间的努力，才找到了工作？

➡
.................................................................................

Lesson 13

13

第13課　朋友 友達
Péngyou

音読と理解・13　🔊133

我 有 一 个 好 朋友, 他 总是 能 看到 别人 的 优点,
Wǒ yǒu yí ge hǎo péngyou, tā zǒngshì néng kàndào biérén de yōudiǎn,

认为 应该 向 别人 学习, 而且 只要 决定 做 的 事, 他 就
rènwéi yīnggāi xiàng biérén xuéxí, érqiě zhǐyào juédìng zuò de shì, tā jiù

会 坚持到 最后, 绝不 半途而废。我 很 欣赏 他 的 性格,
huì jiānchídào zuìhòu, jué bú bàntú'érfèi. Wǒ hěn xīnshǎng tā de xìnggé,

特别 愿意 跟 他 交往, 所以 常 约 他 一起 吃 饭, 一起 看
tèbié yuànyì gēn tā jiāowǎng, suǒyǐ cháng yuē tā yìqǐ chī fàn, yìqǐ kàn

电影。你 也 给 我们 介绍 一下 你 的 好 朋友 吧。
diànyǐng. Nǐ yě gěi wǒmen jièshào yíxià nǐ de hǎo péngyou ba.

語句　音読文　🔊134　- - - - - - - - - - - - - - - - - - - - - - - - - - - - - - -

优点 yōudiǎn 名長所　　认为 rènwéi 動〜と考える　　应该 yīnggāi 助動〜でなければならない
向 xiàng 前置〜に　　只要…就… zhǐyào...jiù... 組〜しさえすれば　　决定 juédìng 動決まる、
决める　　绝 jué 副決して、絶対に　　半途而废 bàntú'érfèi 成途中でやめる　　欣赏 xīnshǎng
動好きである、気に入る　　性格 xìnggé 名性格　　愿意 yuànyì 助動〜したいと思う　　交往
jiāowǎng 動付き合う　　一下 yíxià 数量（動詞のあとに置き）ちょっと〜する

第
13
課

**Point 1** 助動詞 "应该" yīnggāi　　「〜でなければならない」「〜べきである」　🔊 135

做事　　**应该**　认真。
Zuòshì　yīnggāi　rènzhēn.

遇事　　**应该**　冷静。
Yùshì　yīnggāi　lěngjìng.

待人　　**应该**　诚恳。
Dàirén　yīnggāi　chéngkěn.

你　**应该**　说清楚。
Nǐ　yīnggāi　shuōqīngchu.

**Point 2** "只要…就…" zhǐyào…jiù…　　「〜しさえすれば…」　🔊 136

**只要**　有　钱，我　**就**　想　买。
Zhǐyào　yǒu　qián, wǒ　jiù　xiǎng　mǎi.

**只要**　天气　好，我们　**就**　去　散步。
Zhǐyào　tiānqì　hǎo, wǒmen　jiù　qù　sànbù.

**只要**　准时　出发，我们　**就**　来得及。
Zhǐyào　zhǔnshí　chūfā, wǒmen　jiù　láidejí.

**Point 3** 助動詞 "愿意" yuànyì　　主観的願望を表す。　「〜したいと思う」　🔊 137

她　很　**愿意**　学　汉语。
Tā　hěn　yuànyì　xué　Hànyǔ.

我　很　**愿意**　帮助　你。
Wǒ　hěn　yuànyì　bāngzhù　nǐ.

我　**不**　**愿意**　去　人　多　的　地方。
Wǒ　bú　yuànyì　qù　rén　duō　de　dìfang.

## ④ 語気助詞 "吧" ba 🔊 138

好　**吧**。
Hǎo　ba.

\* 同意・承認を表す応答語。語気を和らげている。

你　放心　**吧**。
Nǐ　fàngxīn　ba.

\* 軽い命令「～しなさい」「～してください」

我们　开始　**吧**。
Wǒmen　kāishǐ　ba.

\* 勧誘「～しましょう」

你们　知道　**吧**？
Nǐmen　zhīdào　ba?

\* 推量・推測「～でしょう」「～よね？」

---

**語句** | ポイント＆会話 | 🔊 139 - - - - - - - - - - - - - - - - - - - - - - - - - - - - - - - - - - - - -

**做事** zuòshì 動 事に当たる、事を処理する　　**认真** rènzhēn 形 まじめである　　**遇事** yùshì 動 事が起きる、出来事に遭う　　**冷静** lěngjìng 形 冷静である、落ち着いている　　**待人** dàirén 動 人に接する　　**诚恳** chéngkěn 形 真心がこもっている、誠意がある　　**清楚** qīngchu 形 はっきりしている、明らかである　　**来得及** láidejí 動 間に合う　　**帮助** bāngzhù 動 助ける　　**地方** dìfang 名 場所、ところ

第13課

● 高中时我有一个特别好的朋友。

Gāozhōng shí wǒ yǒu yí ge tèbié hǎo de péngyou.

● 我也是。　　　　　　　　　Wǒ yě shì.

只要有时间，我们就一起去玩儿。

Zhǐyào yǒu shíjiān, wǒmen jiù yìqǐ qù wánr.

● 下次四个人一起去玩儿吧。　Xià cì sì ge rén yìqǐ qù wánr ba.

● 好吧。　　　　　　　　　　Hǎo ba.

会話即練　13

次の会話を中国語でしてみましょう。

● 高校の時にすごく仲の良い友達がいました。
　時間さえあれば一緒に遊びに行っています。　　　　　ヒント　"只要…就…"

● わたしもそうです。
　今度四人で一緒に遊びに行きましょう。　　　　　　　ヒント　"吧"

● そうしましょう。

トレーニング・13

① 絵を見ながら音声を聞き、日本語で意味を書きなさい。　🔊141

(1)
　訳 ........................................

(2)
　訳 ........................................

(3)
　訳 ........................................

(4)
　訳 ........................................

(5)
　訳 ........................................

(6)
　訳 ........................................

(7)
　訳 ........................................

(8)
　訳 ........................................

② 音声を聞いて空欄を埋め、完成した文章を日本語に訳した後、音読しなさい。　🔊142

(1)　你 ........................... 有自信。

　　訳 →

(2)　你知道我的名字 ........................... ？

　　訳 →

(3)　我很 ........................... 跟你们一起去。

　　訳 →

(4)　........................... 有时间，我 ........................... 跟她见面。

　　訳 →

**3** 音声を聞いて、読まれた順に番号をふりなさい。 🔊 143

A
（　　　　）

B
（　　　　）

C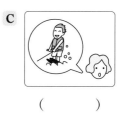
（　　　　）

**4** 日本語の意味になるように、（　　）の語句を並べ替えなさい。

(1) あなたはもう少し早めに言うべきです。

（ 一点儿 / 你 / 说 / 应该 / 早 ）

➡ ……………………………………………………………………………………

(2) わたしたちはとてもあなたを助けたいです。

（ 你 / 非常 / 我们 / 帮助 / 愿意 ）

➡ ……………………………………………………………………………………

(3) 天気さえよければ、時間通りに出発します。

（ 天气 / 好 / 只要 / 出发 / 准时 / 就 ）

➡ ……………………………………………………………………………………

**5** 次の文章を完成させ、中国語で紹介しましょう。

我给大家介绍一下我的好朋友。

高中时我有一个特别好的朋友，他 / 她的性格特别好。

他 / 她的优点是 ……………………………………………………………… 。

14

第14課　**櫻花** 桜
Yīnghuā

**音読と理解・14** 🔊))144

什么 时候 你 来 日本 看 樱花 好 吗? 我 带 你 去 樱花
Shénme shíhou nǐ lái Rìběn kàn yīnghuā hǎo ma? Wǒ dài nǐ qù yīnghuā

最 美 的 上野公园。那里 离 我 家 很 近, 樱花 盛开 的
zuì měi de Shàngyěgōngyuán. Nàlǐ lí wǒ jiā hěn jìn, yīnghuā shèngkāi de

季节 我 几乎 每天 都 去 看。日本人 自古 以来 就 喜欢
jìjié wǒ jīhū měitiān dōu qù kàn. Rìběnrén zìgǔ yǐlái jiù xǐhuan

樱花, 因为 它 从 花 开 到 花 落 的 时间 非常 短暂, 给
yīnghuā, yīnwèi tā cóng huā kāi dào huā luò de shíjiān fēicháng duǎnzàn, gěi

人 一 种 变幻莫测 的 感觉, 使 人 既 喜悦 又 忧伤。
rén yì zhǒng biànhuànmòcè de gǎnjué, shǐ rén jì xǐyuè yòu yōushāng.

**語句** 音読文 🔊))145 - - - - - - - - - - - - - - - - - - - - - - - - - - - - - - -

**什么时候** shénme shíhou 組 いつ　　**樱花** yīnghuā 名 桜　　**最** zuì 副 最も　　**那里** nàlǐ 代 そこ、あそこ　　**离** lí 前置 ～から、～まで　　**盛开** shèngkāi 動 満開である　　**季节** jìjié 名 季節　　**几乎** jīhū 副 ほぼ、ほとんど　　**自古** zìgǔ 副〈書〉昔から　　**以来** yǐlái 名 ～以来　　**开** kāi 動 咲く　　**落** luò 動 落ちる、散る　　**短暂** duǎnzàn 形 時間が短い　　**变幻莫测** biànhuàn mòcè 成 めまぐるしく変化する　　**感觉** gǎnjué 名 感じ　　**使** shǐ 動 (～という結果に) させる　　**喜悦** xǐyuè 形 喜ばしい　　**忧伤** yōushāng 形 憂え悲しむ　　**既…又…** jì...yòu... 組 ～でもあり～でもある

84

### Point 1 疑問詞の不定用法 🔊146

我　问问　**谁**　吧。
Wǒ　wènwen　shéi　ba.
だれか

你　有　**什么**　事　吗？
Nǐ　yǒu　shénme　shì　ma?
なにか

**什么**　**时候**　一起　去　吧。
Shénme　shíhou　yìqǐ　qù　ba.
いつか

### Point 2 前置詞 "离" lí　　A "离" B…　　二点間の空間的・時間的な隔たりを表す。

「A は B から（B まで）（距離が）〜」　🔊147

他　家　**离**　大学　很　近。
Tā　jiā　lí　dàxué　hěn　jìn.

你　家　**离**　这儿　远　不远？
Nǐ　jiā　lí　zhèr　yuǎn　buyuǎn?
＊空間的距離を示す

**离**　放假　还　有　很　长　时间。
Lí　fàngjià　hái　yǒu　hěn　cháng　shíjiān.
＊時間的距離を示す

### Point 3 前置詞 "从" cóng と "到" dào　🔊148

① 起点を表す "从"　　"从" A …「A から〜」

他　**从**　越南　来。
Tā　cóng　Yuènán　lái.

**从**　下午　一　点　开始。
Cóng　xiàwǔ　yì　diǎn　kāishǐ.

新　学期　**从**　四　月　开始。
Xīn　xuéqī　cóng　sì　yuè　kāishǐ.

② 起点を表す"从"と終点を表す"到"の組み合わせ　"从…到…"「AからBまで〜」

从　这儿　到　车站　很　近。
Cóng zhèr dào chēzhàn hěn jìn.

从　这儿　到　那儿　远　不远？
Cóng zhèr dào nàr yuǎn buyuǎn?

从　入学　到　毕业　一共　四　年。
Cóng rùxué dào bìyè yígòng sì nián.

**Point 4** "既…又…" jì…yòu… 同じ構造の二つの動詞（句）または形容詞（句）などを接続し、同時に二つの状態を備えていることを表す。「〜ばかりでなく…」「〜の上に〜だ」「〜でもあれば〜でもある」 ◀)) 149

她　既　善良　又　开朗。
Tā jì shànliáng yòu kāilǎng.

她　既　是　老师，又　是　朋友。
Tā jì shì lǎoshī, yòu shì péngyou.

既　想　去，又　不　想　去，很　犹豫。
Jì xiǎng qù, yòu bù xiǎng qù, hěn yóuyù.

**語句** ポイント＆会話 ◀)) 150 - - - - - - - - - - - - - - - - - - - - - - - - -

近 jìn 形 近い　远 yuǎn 形 遠い　越南 Yuènán 固 ベトナム　下午 xiàwǔ 名 午後　学期 xuéqī 名 学期　入学 rùxué 動 入学する　一共 yígòng 副 合わせて　大概 dàgài 副 およそ、たぶん

*Dialoge*

● 你家离大学远吗？　Nǐ jiā lí dàxué yuǎn ma?

● 从我家到大学大概 40 分钟。　Cóng wǒ jiā dào dàxué dàgài sìshí fēnzhōng.

● 什么时候我们一起喝茶，好吗？　Shénme shíhou wǒmen yìqǐ hē chá, hǎo ma?

● 太高兴了！　Tài gāoxìng le!

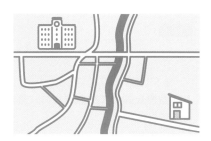

会話即練　14

次の会話を中国語でしてみましょう。

● あなたの家は大学から遠いですか。　　　　　ヒント "离"
● 家から大学までだいたい 30 分です。　　　　ヒント "从…到…"
● いつか一緒にお茶を飲みませんか。　　　　　ヒント "什么时候"
● すごくうれしいです。ぜひ行きましょう。　　ヒント "一定"

トレーニング・14

**1** 絵を見ながら音声を聞き、中国語を書きなさい。　◀»152

(1)

簡体字 ........................................

(2)

簡体字 ........................................

(3)

簡体字 ........................................

(4)

簡体字 ........................................

(5)

簡体字 ........................................

(6)

簡体字 ........................................

**2** 音声を聞いて空欄を埋め、完成した文章を日本語に訳した後、音読しなさい。　◀»153

(1) .................................. 我们一起去，好吗？

　　訳 →

(2) 我们大学 .................................. 车站不太远。

　　訳 →

(3) 她 .................................. 漂亮 .................................. 善良。

　　訳 →

(4) .................................. 我家 .................................. 大学要三十分钟。

　　訳 →

88

③ 音声を聞いて、読まれた順に番号をふりなさい。 🔊)) 154

A

（ 　　 ）

B

（ 　　 ）

C

（ 　　 ）

④ 日本語の意味になるように、（　　）の語句を並べ替えなさい。

(1) わたしたちはどこかで昼ご飯を食べましょう。

（ 哪儿 / 我们 / 吃 / 吧 / 在 / 午饭 ）

➡ ......................................................................................................

(2) 授業が始まるまでまだ2時間あります。

（ 两个 / 有 / 小时 xiǎoshí / 离 / 还 / 上课 ）

➡ ......................................................................................................

(3) 彼女は美しくて聡明で、わたしも彼女のファンになりました。

（ 既 / 又 / 她 / 漂亮 / 聪明 cōngming / 我 / 成了 / 也 / 她的 / 粉丝 fěnsī ）

➡ ......................................................................................................

⑤ おすすめの桜の名所を紹介しましょう。

你喜欢看樱花吗？ 什么时候你一定要来日本看樱花，我带你去我

最喜欢的 ............................................ [場所]，那里的樱花特别漂亮，而且

离车站也不太远。

Lesson 15

15

第 15 課　新年 新年
Xīnnián

音読と理解・15　🔊 155

今年 的 元旦 我 不 能 回 家, 我 越 来 越 想念
Jīnnián de Yuándàn wǒ bù néng huí jiā, wǒ yuè lái yuè xiǎngniàn

家乡, 还 想 吃 我 妈妈 做 的 日式 年菜。日本 的 传统
jiāxiāng, hái xiǎng chī wǒ māma zuò de rìshì niáncài. Rìběn de chuántǒng

年菜 里 有 红白鱼糕、海带、干青鱼子、竹笋 和 黑豆 等。
niáncài li yǒu hóngbáiyúgāo、 hǎidài、 gānqīngyúzǐ、 zhúsǔn hé hēidòu děng.

红白鱼糕 代表 辞旧迎新, 海带 代表 阖家安康, 每 一 种
Hóngbáiyúgāo dàibiǎo cíjiùyíngxīn, hǎidài dàibiǎo héjiā'ānkāng, měi yì zhǒng

传统 菜肴 里 都 寄托着 人们 对 新 一 年 的 美好 愿望。
chuántǒng càiyáo li dōu jìtuōzhe rénmen duì xīn yì nián de měihǎo yuànwàng.

語句　音読文　🔊 156 ----------------------------------------

**越来越** yuè lái yuè 組 ますます～になる　　**想念** xiǎngniàn 動 懐かしがる、懐かしむ　　**家乡**
jiāxiāng 名 ふるさと　　**日式** rìshì 形 日本式　　**年菜** niáncài 名 正月料理　　**传统** chuántǒng 形
伝統、伝統的　　**红白鱼糕** hóngbái yúgāo 組 紅白のかまぼこ　　**干青鱼子** gānqīngyúzǐ 名 数の子
**海带** hǎidài 名 昆布　　**竹笋** zhúsǔn 名 竹の子　　**黑豆** hēidòu 名 黒豆　　**阖家安康** héjiā ānkāng
組 一家全員の健康と幸福　　**菜肴** càiyáo 名 おかず、料理　　**寄托** jìtuō 動 託する　　**美好** měihǎo
形 美しい、すばらしい、よい　　**愿望** yuànwàng 名 願望、願い

### Point 1 助動詞 "会" huì・"能" néng・"可以" kěyǐ 🔊 157

他 **会** 开车。
Tā huì kāichē.　　　　　　　　　\* 習得したから「～できる」

她 很 **会** 做菜。
Tā hěn huì zuòcài.　　　　　　　　\*「～するのが上手である」

他 **能** 游 五 百 米。
Tā néng yóu wǔ bǎi mǐ.　　　　　　\* 能力のレベルや程度

喝 酒 了, **不 能** 开车。
Hē jiǔ le, bù néng kāichē.　　　　\* 客観的条件によって、実現が可能かどうか

开会 的 时候, **可以** 喝 茶。
Kāihuì de shíhou, kěyǐ hē chá.　　\* 許可を表す「～してもよい」

### Point 2 副詞 "还" hái・"再" zài・"又" yòu 「さらに」「また」「もう一度」

"还" はすでに行った動作を引き続き継続する、または繰り返し行う意思があることを強調する。
"再" はすでに行った動作を繰り返し行うことを表す。
"又" は同じ動作が繰り返し行われたこと、または同じ事態が繰り返し発生することを表す。 🔊 158

你 明天 **还** 来 吗?
Nǐ míngtiān hái lái ma?

我 明天 **还** 想 去。
Wǒ míngtiān hái xiǎng qù.

你 明天 **再** 来 吧。
Nǐ míngtiān zài lái ba.

我 昨天 **又** 去 了。
Wǒ zuótiān yòu qù le.

明天 **又** 是 周末 了。
Míngtiān yòu shì zhōumò le.

Point
3 "越来越…" yuè lái yuè… 「ますます～だ」「だんだん～になる」
"来" のかわりに具体的な語を入れることもできる。
「ますます～だ」「～すればするほど…」 ■🔊 159

| 她 | 越 | 来 | 越 | 开朗 | 了。 |
|---|---|---|---|---|---|
| Tā | yuè | lái | yuè | kāilǎng | le. |

| 我 | 越 | 来 | 越 | 喜欢 | 日本 | 了。 |
|---|---|---|---|---|---|---|
| Wǒ | yuè | lái | yuè | xǐhuan | Rìběn | le. |

| 我 | 越 | 想 | 越 | 生气。 |
|---|---|---|---|---|
| Wǒ | yuè | xiǎng | yuè | shēngqì. |

Point
4 語気助詞 "呢" ne ■🔊 160

| 我 | 正 | 吃 | 饭 | 呢。 |
|---|---|---|---|---|
| Wǒ | zhèng | chī | fàn | ne. |

＊進行態の "正" などと併用する

| 我 | 去 | 买 | 东西, | 你 | 呢？ |
|---|---|---|---|---|---|
| Wǒ | qù | mǎi | dōngxi, | nǐ | ne? |

＊省略疑問文「～は？」

| 他 | 还 | 没 | 来过 | 我 | 家 | 呢。 |
|---|---|---|---|---|---|---|
| Tā | hái | méi | láiguo | wǒ | jiā | ne. |

＊副詞 "还" などと呼応させて使う

**語句** ポイント＆会話 ■🔊 161 - - - - - - - - - - - - - - - - - - - - - - - - - - - - - - - - - - - - - -

做菜 zuòcài 動 料理を作る　　游 yóu 動 泳ぐ　　百 bǎi 名 百　　米 mǐ 名 メートル　　周末 zhōumò 名 週末　　新年 xīnnián 名 新年　　祈愿 qíyuàn 動・名 祈願する、祈願　　子孙兴旺 zǐsūn xīngwàng 組 子孫繁栄　　后代 hòudài 名 後世　　茁壮成长 zhuózhuàng chéngzhǎng 組 たくましく成長している　　寿司 shòusī 名 寿司　　咖喱饭 gālí fàn 名 カレーライス

Dialoge

■)) 162 | 会話・15

● 新年为什么要吃干青鱼子？　　Xīnnián wèi shénme yào chī gānqīngyúzǐ?

● 祈愿子孙兴旺。　　Qíyuàn zǐsūn xīngwàng.

● 竹笋呢？　　Zhúsǔn ne?

● 祈愿后代茁壮成长。　　Qíyuàn hòudài zhuózhuàng chéngzhǎng.

会話即練 15

次の会話を中国語でしてみましょう。

● お正月に何を食べますか。

● 母親が作ったおせち料理です。あなたは？　　ヒント "日式年菜"

● だいたいお寿司です。　　ヒント "基本上"

● あなたは料理が得意ですか。　　ヒント "会"

● わたしはカレーライスを作れます。　　ヒント "会" "做"

**1** 絵を見ながら音声を聞き、中国語を書きなさい。 🔊 163

(1)

簡体字 ┄┄┄┄┄┄┄┄┄┄┄┄┄┄┄┄┄┄┄┄┄┄┄

(2) New year!

簡体字 ┄┄┄┄┄┄┄┄┄┄┄┄┄┄┄┄┄┄┄┄┄┄┄

(3)

簡体字 ┄┄┄┄┄┄┄┄┄┄┄┄┄┄┄┄┄┄┄┄┄┄┄

(4)

簡体字 ┄┄┄┄┄┄┄┄┄┄┄┄┄┄┄┄┄┄┄┄┄┄┄

(5)

簡体字 ┄┄┄┄┄┄┄┄┄┄┄┄┄┄┄┄┄┄┄┄┄┄┄

(6)

簡体字 ┄┄┄┄┄┄┄┄┄┄┄┄┄┄┄┄┄┄┄┄┄┄┄

**2** 音声を聞いて空欄を埋め、完成した文章を日本語に訳した後、音読しなさい。 🔊 164

(1) 我们 ┄┄┄┄┄┄┄┄┄┄┄┄ 说汉语。

訳 →

(2) 我 ┄┄┄┄┄┄┄┄┄┄┄┄ 吃了一个。

訳 →

(3) 你 ┄┄┄┄┄┄┄┄┄┄┄┄ 随时给我打电话。

訳 →

(4) 你也 ┄┄┄┄┄┄┄┄┄┄┄┄ 参加，我太高兴了。

訳 →

94

**3** 音声を聞いて、読まれた順に番号をふりなさい。　🔊 165

A 　（　　　　）

B 　（　　　　）

C 　（　　　　）

**4** 日本語の意味になるように、（　　）の語句を並べ替えなさい。

（1）　わたしたちはいまスキーをしているところです。

（ 滑雪 huáxuě ／ 呢 ／ 正在 ／ 我们 ）

➡ ...............................................................................................................................

（2）　練習すればするほど流暢になります。

（ 练习 liànxí ／ 越 ／ 越 ／ 流利 liúlì ）

➡ ...............................................................................................................................

（3）　わたしはもう一度その映画を見たかったので、今日また見に行きました。

（ 那个 ／ 电影 ／ 我 ／ 一遍 ／ 又 ／ 还 ／ 想 ／ 看 ／ 今天 ／ 去 ／ 看 ／ 了 ）

➡ ...............................................................................................................................

**5** 次の文章を完成させ、あなたのお正月を紹介しましょう。

我家的年菜里有 ...................................................................................... 。

新年我和 ............................................. 一起 ................................................ 。
　　　　　　　　　　［誰と］　　　　　　　　　　　　　　　　　［すること］

### 第1課 大学校园 🔊166

　　我们大学的校园比别的校园大。校内除了教学楼、办公楼、宿舍楼和操场、体育馆以外，还有 KTV、咖啡厅、超市等等。食堂的种类也比较多，除了大学自己经营的食堂以外，还有民办的特色餐厅。

### 第2課 问年龄 🔊167

　　在食堂聊天儿的时候，大家互相问起来对方的年龄。一个中国朋友问我的朋友："你属什么？"他回答说："我属野猪。"于是，那个中国朋友告诉我们，十二生肖里没有野猪，有猪。我们马上查了一下，才知道日本和中国的说法不一样。

## 第3課 小测验 🔊 168

　　刚开学不久的一天，老师把上节课的小测验还给了大家。我拿到那张试卷以后，特别吃惊。因为老师在上面画了很多"✓"，可是我的得分是 98 分。原来在中国答案正确的时候，常使用那个符号。

## 第4課 为什么 🔊 169

　　我跟几个中国朋友一起吃饭，大家商量喝什么酒。我对中国朋友说："我还不到二十岁，不能喝酒，我要一杯果汁。"他们问我为什么，我告诉他们，虽然中国没有年龄的限制，但是日本的法律规定二十岁以后才能喝酒。

## 第5課 生鸡蛋

　　我跟几个朋友在宿舍一起吃午饭，我把一个生鸡蛋磕开，放在了米饭上，没想到在场的中国朋友都很吃惊。他们说："欸？这是生鸡蛋，能吃吗？"我说："很好吃啊！特别是放在热乎乎的米饭上，你会觉得更好吃。"听说在中国一般不吃生鸡蛋。

## 第6課 生日礼物

■))171

　　我快要过生日了。一个朋友送给我一个红色的钱包。她说："祝你好运！祝你生日快乐！"在中国，红色象征好运、喜庆，还含有避邪的意思。结婚庆典的礼钱以及过年的压岁钱都要放在红色的信封里。本命年的时候，为了避邪有人还特意穿红色的内衣。

## 第7課 饺子 🔊 172

　　我在日本吃过的饺子大多是煎的。即使是水饺，也是放在汤里的比较多。现在在北京吃到的饺子多种多样，有蒸饺，有不带汤的水饺，还有一种叫锅贴儿的美食。中国人过年一定要吃饺子，因为饺子代表辞旧迎新，用饺子皮包住馅儿意味着包住福运。

## 第8課 聊天儿 🔊 173

　　我和一个韩国留学生一边喝茶，一边聊天儿。我不会说韩语，她也不会说日语，我们只好用汉语交流。不过，我们都能听得懂对方说的汉语。她说她将来想当翻译，还希望找一个帅哥结婚。我说我想当公务员，希望找一个善良的人结婚。我们成了好朋友。

## 第9課 旅游 🔊 174

　　朋友约我一起参加成都三日游，他给我介绍了这趟旅游行程的魅力。他说我们不但能吃到正宗的川菜，还能爬到峨眉山上观看美丽的景色。峨眉山上有很多猴子，它们会围着你要吃的，一点儿也不怕人，有时候反而是游客怕它们。

## 第10課 网购 🔊 175

　　网上购物的确很方便，想要什么就能买到什么，价格也比较便宜，而且还送货上门，要是快，当天就到货了。可是，网购也有一些问题，比如只能在网上看到商品的照片，看不到商品的原样，有时候不能让你完全满意。看来什么事情都不可能十全十美。

## 第11課 宠物 🔊 176

　　我家有一只特别可爱的小狗，前几天生病了。它一生病，我就很着急，坐立不安。今天妈妈打电话告诉我不用担心，昨天就开始好转了，今天又活蹦乱跳起来了。小狗的名字叫"索拉"。你也养宠物吗？它的名字叫什么？

## 第12課 找工作 🔊 177

　　一个朋友从大三开始找工作，最终被一家公司录用了。他的招聘信息多是从求职网获取的。看到适合自己的就积极报名，先提交简历，然后等公司答复。他说开始不太顺利，有点儿不自信，可是经过一年的努力，最后找到了比较满意的工作。

第13課 朋友 ◼))178

　我有一个好朋友，他总是能看到别人的优点，认为应该向别人学习，而且只要决定做的事，他就会坚持到最后，绝不半途而废。我很欣赏他的性格，特别愿意跟他交往，所以常约他一起吃饭，一起看电影。你也给我们介绍一下你的好朋友吧。

第14課 樱花 ◼))179

　什么时候你来日本看樱花好吗？ 我带你去樱花最美的上野公园。那里离我家很近，樱花盛开的季节我几乎每天都去看。日本人自古以来就喜欢樱花，因为它从花开到花落的时间非常短暂，给人一种变幻莫测的感觉，使人既喜悦又忧伤。

第15課 **新年**　🔊180

今年的元旦我不能回家，我越来越想念家乡，还想吃我妈妈做的日式年菜。日本的传统年菜里有红白鱼糕、海带、干青鱼子、竹笋和黑豆等。红白鱼糕代表辞旧迎新，海带代表阖家安康，每一种传统菜肴里都寄托着人们对新一年的美好愿望。

## 語彙索引　数字は課数を表す.

| | | | |
|---|---|---|---|
| dàngtiān | 当天 | 当日 | 10 |
| dānxīn | 担心 | 心配する | 11 |
| dào | 到 | 着く、達する、至る | 3 |
| dào | 到 | ～まで | 4 |
| dàohuò | 到货 | 着荷する | 10 |
| dàoqiàn | 道歉 | 謝る | 8 |
| dǎoyóutú | 导游图 | ガイドマップ | 9 |
| dà sān | 大三 | 大学三年生 | 12 |
| dǎ wǔzhé | 打五折 | 5割引する | 10 |
| défēn | 得分 | 得点 | 3 |
| Déguó | 德国 | ドイツ | 9 |
| děng | 等 | 待つ | 8 |
| diǎn | 点 | ～時 | 10 |
| dìdi | 弟弟 | 弟 | 7 |
| dìfang | 地方 | 場所、ところ | 13 |
| díquè | 的确 | 確かに | 10 |
| dìtiě | 地铁 | 地下鉄 | 12 |
| duànliàn | 锻炼 | 鍛える | 7 |
| duǎnzàn | 短暂 | 時間が短い | 14 |
| duì | 对 | ～に対して | 4 |
| duìfāng | 对方 | 相手 | 2 |
| duìhào | 对号 | チェックマーク | 3 |
| duō le | 多了 | ずっと | 1 |
| duōzhǒng duōyàng | | | |
| | 多种多样 | 多種多様、いろいろな | 7 |

| E | | | |
|---|---|---|---|
| éi | 欸 | （いぶかる気持ちを表す） | |
| | | おや | 5 |
| Éméishān | 峨眉山 | 「中国仏教四大名山」の一つ | |
| | | | 9 |
| érqiě | 而且 | その上 | 10 |

| F | | | |
|---|---|---|---|
| fā | 发 | 送る、送信する | 3 |
| Fǎguó | 法国 | フランス | 9 |
| fǎlǜ | 法律 | 法律 | 4 |
| fǎn'ér | 反而 | かえって | 9 |
| fàng | 放 | 置く、入れる | 5 |
| fāngbiàn | 方便 | 便利である | 1 |
| fàngjià | 放假 | 休暇に入る | 6 |
| fàngxīn | 放心 | 安心する | 2 |
| fānyì | 翻译 | 訳す、通訳、翻訳者 | 8 |
| fāshāo | 发烧 | 熱が出る | 8 |
| fēijī | 飞机 | 飛行機 | 3 |

| | | | |
|---|---|---|---|
| fěnsī | 粉丝 | （映画スターや歌手などの） | |
| | | 熱狂的なファン | 14 |
| fēnzhōng | 分钟 | 分間 | 4 |
| fúhào | 符号 | 記号 | 3 |
| fúwù | 服务 | サービス | 4 |
| fúyùn | 福运 | 幸運 | 7 |

| G | | | |
|---|---|---|---|
| gālí fàn | 咖喱饭 | カレーライス | 15 |
| gāng | 刚 | ～して間もない | 3 |
| gǎnjǐn | 赶紧 | 大急ぎで、 | |
| | | できるだけ早く | 10 |
| gǎnjué | 感觉 | 感じ | 14 |
| gānqīngyúzǐ | 干青鱼子 | 数の子 | 15 |
| gǎnrén | 感人 | 感動的である | 1 |
| gǎnxiè | 感谢 | 感謝する | 4 |
| gàosu | 告诉 | 知らせる、教える | 2 |
| gāoxìng | 高兴 | うれしい | 2 |
| gāozhōng | 高中 | 高等学校 | 5 |
| gěi | 给 | ～に、～のために | 9 |
| gěi | 给 | （人にものを）与える、 | |
| | | やる、くれる | 9 |
| gèng | 更 | さらに、いっそう | 5 |
| gēshǒu | 歌手 | 歌手 | 5 |
| gēxīng | 歌星 | 人気歌手 | 1 |
| gōngsī | 公司 | 会社 | 12 |
| gōngwùyuán | 公务员 | 公務員 | 8 |
| gōngzuò | 工作 | 働く、仕事をする、仕事 | 5 |
| gǒu | 狗 | いぬ | 2 |
| gòuwù | 购物 | 買い物をする | 10 |
| guānkàn | 观看 | 眺める、観覧する | 9 |
| guīdìng | 规定 | 定める、決まり | 4 |
| guò | 过 | 過ごす | 6 |
| guònián | 过年 | 年を越す | 6 |
| guōtiēr | 锅贴儿 | （中国式）焼き餃子 | 7 |
| guówài | 国外 | 国外 | 5 |
| guǒzhī | 果汁 | ジュース | 4 |

| H | | | |
|---|---|---|---|
| hái | 还 | さらに、また、まだ | 1 |
| hǎidài | 海带 | 昆布 | 15 |
| háizi | 孩子 | 子供 | 6 |
| hányǒu | 含有 | 含んでいる | 6 |
| Hányǔ | 韩语 | 韓国語 | 1 |
| hǎoburóngyì | 好不容易 | やっと、ようやく | 8 |

| | | | |
|---|---|---|---|
| hǎohāor | 好好儿 | ちゃんと、よく | 3 |
| hǎokàn | 好看 | 美しい、きれいである | 5 |
| hǎotīng | 好听 | (聴いて)すばらしい | 11 |
| hǎoyùn | 好运 | 幸運 | 6 |
| hǎozhuǎn | 好转 | 好転する、回復に向かう | 11 |
| hēidòu | 黑豆 | 黒豆 | 15 |
| héjiā ānkāng | 阖家安康 | 一家全員の健康と幸福 | 15 |
| hésuàn | 合算 | 買い得 | 10 |
| hóngbái yúgāo | | | |
| | 红白鱼糕 | 紅白のかまぼこ | 15 |
| hóngsè | 红色 | 赤い色(の) | 6 |
| hòudài | 后代 | 後世 | 15 |
| hòuhuǐ | 后悔 | 後悔する | 12 |
| hòutiān | 后天 | あさって | 4 |
| hóuzi | 猴子 | サル | 9 |
| huà | 画 | (しるしを)つける、描く | 3 |
| huà | 话 | 話 | 4 |
| huábīng | 滑冰 | スケートをする | 11 |
| huán | 还 | 返却する | 3 |
| huàr | 画儿 | 絵 | 9 |
| huáxuě | 滑雪 | スキーをする | 15 |
| huàzhuāngpǐn | 化妆品 | 化粧品 | 7 |
| huì | 会 | ～するだろう、 | |
| | | ～するはずである | 5 |
| huì | 会 | ～することができる | 8 |
| huíbulái | 回不来 | 戻って来られない | 8 |
| huídá | 回答 | 答える | 2 |
| huīfù | 恢复 | 回復する | 3 |
| huíguōròu | 回锅肉 | 回鍋肉 | 7 |
| huílai | 回来 | 戻ってくる | 6 |
| huíxìn | 回信 | 返信する | 9 |
| huīxīn | 灰心 | 気落ちする | 7 |
| huóbèng luàntiào | | | |
| | 活蹦乱跳 | 元気よく跳ね回る様子 | 11 |
| huòqǔ | 获取 | 得る | 12 |
| hùxiāng | 互相 | お互いに | 2 |

## J

| | | | |
|---|---|---|---|
| jǐ | 几 | いくつかの、いくつ | 2 |
| jì... yòu... | 既…又… | ～でもあり～でもある | 14 |
| jiā | 家 | 店や企業などを数える量詞 | 7 |
| jiàgé | 价格 | 値段、価格 | 10 |
| jiàn | 件 | 服などを数える量詞 | 5 |
| jiān | 煎 | (少量の油を入れて)焼く | 7 |
| jiānchí | 坚持 | 頑張り続ける | 7 |

| | | | |
|---|---|---|---|
| jiānglái | 将来 | 将来 | 6 |
| jiànkāng | 健康 | 健康 | 6 |
| jiǎnlì | 简历 | 略歴 | 12 |
| jiànmiàn | 见面 | 会う | 5 |
| jiào | 叫 | (人・物を)～と呼ぶ | 7 |
| jiào | 叫 | ～させる | 10 |
| jiào | 叫 | (名前は)～という | 11 |
| jiāoliú | 交流 | 交流する | 8 |
| jiāowǎng | 交往 | 付き合う | 13 |
| jiàoxué lóu | 教学楼 | 教学棟 | 1 |
| jiǎozi | 饺子 | 餃子 | 7 |
| jiǎozi pí | 饺子皮 | 餃子の皮 | 7 |
| jiàqī | 假期 | 休暇 | 2 |
| jiātíng | 家庭 | 家庭 | 8 |
| jiāxiāng | 家乡 | ふるさと | 15 |
| jiàzi | 架子 | 棚 | 3 |
| jīběnshàng | 基本上 | だいたい | 1 |
| jīdàn | 鸡蛋 | 卵 | 5 |
| jié | 节 | 区分などを表す名詞に | |
| | | 用いる量詞 | 3 |
| jiēdào | 接到 | 受け取る | 11 |
| jiéhūn | 结婚 | 結婚する | 8 |
| jiějie | 姐姐 | 姉 | 2 |
| jiěmèi | 姐妹 | 姉妹 | 9 |
| jièshào | 介绍 | 紹介する | 9 |
| jièyì | 介意 | 気にする | 11 |
| jíhé | 集合 | 集合する | 12 |
| jīhū | 几乎 | ほぼ、ほとんど | 14 |
| jìhuà | 计划 | 計画 | 9 |
| jīhuì | 机会 | 機会 | 4 |
| jījí | 积极 | 積極的である | 12 |
| jìjié | 季节 | 季節 | 14 |
| jìn | 近 | 近い | 14 |
| jīngguò | 经过 | (時間が)かかる、 | |
| | | 経過する | 12 |
| jǐngsè | 景色 | 景色 | 9 |
| jīngyíng | 经营 | 経営する | 1 |
| jīntiān | 今天 | 今日 | 10 |
| jǐnzhāng | 紧张 | 緊張している | 2 |
| jíshǐ... yě... | 即使…也… | たとえ～としても | 7 |
| jìtuō | 寄托 | 託する | 15 |
| jiù | 就 | すでに、とっくに | 11 |
| jìzhù | 记住 | しっかり覚える | 4 |
| jué | 绝 | 決して、絶対に | 13 |

| | | | |
|---|---|---|---|
| juéde | 觉得 | 〜と思う、 | |
| | | 〜ような気がする | 5 |
| juédìng | 决定 | 決まる、決める | 13 |
| jùtǐ | 具体 | 具体的である | 9 |

| K | | | |
|---|---|---|---|
| kāfēitīng | 咖啡厅 | カフェ | 1 |
| kāi | 开 | 咲く | 14 |
| kāichē | 开车 | 車を運転する | 1 |
| kāihuì | 开会 | 会議に出る、会議を開く | 3 |
| kāilǎng | 开朗 | 朗らかである | 1 |
| kāishǐ | 开始 | 始まる、始める | 11 |
| kāixué | 开学 | 学校が始まる | 2 |
| kàndejiàn | 看得见 | 見える | 8 |
| kànjiàn | 看见 | 見える | 1 |
| kànlái | 看来 | 見たところ〜ようだ | 10 |
| kǎoshàng | 考上 | (試験に)合格する | 5 |
| kē | 磕 | 割る | 5 |
| kè | 课 | 授業 | 1 |
| kě'ài | 可爱 | かわいい | 11 |
| kèbiǎo | 课表 | 授業の時間割 | 5 |
| kěnéng | 可能 | 〜かも知れない | 8 |
| kèqi | 客气 | 遠慮する | 11 |
| kèrén | 客人 | 客、お客さん | 4 |
| kěshì | 可是 | しかし | 3 |
| kuài | 快 | はやい | 1 |
| kuàicāntīng | 快餐厅 | ファーストフードレストラン | |
| | | | 1 |
| kuàilè | 快乐 | 楽しい | 4 |
| kuàiyào...le | 快要…了 | もうすぐ〜になる | 6 |

| L | | | |
|---|---|---|---|
| là | 辣 | 辛い | 4 |
| láidejí | 来得及 | 間に合う | 13 |
| lājī | 垃圾 | ゴミ | 3 |
| lèi | 累 | 疲れている | 5 |
| lěngjìng | 冷静 | 冷静である、 | |
| | | 落ち着いている | 13 |
| lí | 离 | 〜から、〜まで | 14 |
| liánxì | 联系 | 連絡する | 5 |
| liànxí | 练习 | 練習する、けいこする、 | |
| | | 練習問題 | 15 |
| liǎojiě | 了解 | よく分かる | 4 |
| liáotiānr | 聊天儿 | おしゃべりする、雑談する | 2 |
| lǐmiàn | 里面 | 中の方 | 7 |

| | | | |
|---|---|---|---|
| línghuāqián | 零花钱 | 小遣い銭 | 6 |
| línshī | 淋湿 | びっしょりぬれる | 12 |
| lǐqián | 礼钱 | 祝儀 | 6 |
| liúlì | 流利 | (話や文章が)流暢である | 15 |
| lǐwù | 礼物 | プレゼント | 6 |
| lǐxiǎng | 理想 | 理想、夢 | 5 |
| lóng | 龙 | たつ | 2 |
| luò | 落 | 落ちる、散る | 14 |
| lùyòng | 录用 | 採用する | 12 |
| lǚyóu | 旅游 | 旅行する | 2 |

| M | | | |
|---|---|---|---|
| mǎ | 马 | うま | 2 |
| mǎibudào | 买不到 | 手に入らない | 8 |
| mǎidào | 买到 | 手に入れる | 1 |
| mǎi dōngxi | 买东西 | 買い物する | 10 |
| màn | 慢 | ゆっくりである | 8 |
| mǎnyì | 满意 | 満足する | 4 |
| māo | 猫 | 猫 | 11 |
| mǎshàng | 马上 | すぐ、直ちに | 2 |
| Měiguó | 美国 | アメリカ | 12 |
| měihǎo | 美好 | 美しい、すばらしい、 | |
| | | よい | 15 |
| mèilì | 魅力 | 魅力 | 9 |
| měilì | 美丽 | 美しい | 9 |
| mèimei | 妹妹 | 妹 | 3 |
| měishí | 美食 | おいしい食べ物 | 7 |
| méi xiǎngdào | 没想到 | 〜とは思わなかった、 | |
| | | 〜と予期しなかった | 5 |
| mǐ | 米 | メートル | 15 |
| mǐfàn | 米饭 | ライス | 5 |
| mínbàn | 民办 | 民営(の) | 1 |
| Mínggǔwū | 名古屋 | 名古屋 | 6 |
| míngzi | 名字 | フルネーム、名前 | 2 |

| N | | | |
|---|---|---|---|
| nádào | 拿到 | 手に入る、手に入れる | 3 |
| nàdòu | 纳豆 | 納豆 | 5 |
| nàlǐ | 那里 | そこ、あそこ | 14 |
| nàme | 那么 | そのように、そんなふうに | 1 |
| nán | 难 | 難しい | 7 |
| nào dùzi | 闹肚子 | 腹をこわす | 5 |
| nèiyī | 内衣 | 肌着 | 6 |
| niáncài | 年菜 | 正月料理 | 15 |
| niánjí | 年级 | 学年 | 2 |

| | | | |
|---|---|---|---|
| niánlíng | 年龄 | 年齢 | 2 |
| nuǎnhuo | 暖和 | 暖かい | 2 |
| nǔlì | 努力 | 懸命である | 6 |

## O

| | | | |
|---|---|---|---|
| ǒuxiàng | 偶像 | アイドル | 8 |

## P

| | | | |
|---|---|---|---|
| pá | 爬 | 登る | 9 |
| pà | 怕 | 恐れる、怖がる | 9 |
| piányi | 便宜 | (値段が)安い | 5 |
| piào | 票 | チケット | 8 |
| piàoliang | 漂亮 | きれいである、美しい | 9 |

## Q

| | | | |
|---|---|---|---|
| qián | 钱 | 金銭 | 6 |
| qiánbāo | 钱包 | 財布 | 6 |
| qǐchuáng | 起床 | 起床する | 11 |
| ...qǐlai | …起来 | ～し始める | 2 |
| qīngchu | 清楚 | はっきりしている、 | |
| | | 明らかである | 13 |
| qìngdiǎn | 庆典 | 祝賀の儀式 | 6 |
| qīngsōng | 轻松 | 気楽である | 1 |
| qiúzhí wǎng | 求职网 | 求人サイト | 12 |
| qíyuàn | 祈愿 | 祈願する、祈願 | 15 |

## R

| | | | |
|---|---|---|---|
| ràng | 让 | ～させる | 10 |
| ránhòu | 然后 | それから | 12 |
| rèhūhū | 热乎乎 | ほかほか(の)、 | |
| | | 温かなさま | 5 |
| rēng | 扔 | 捨てる | 3 |
| rénqì | 人气 | 人気 | 8 |
| rènshi | 认识 | 知り合う | 3 |
| rènwéi | 认为 | ～と考える | 13 |
| rènzhēn | 认真 | 真面目である | 13 |
| rèqíng | 热情 | (態度が)温かい、 | |
| | | 心がこもっている | 4 |
| rìcān | 日餐 | 日本料理 | 7 |
| rìlì | 日历 | カレンダー | 9 |
| rìshì | 日式 | 日本式 | 15 |
| rùxué | 入学 | 入学する | 14 |

## S

| | | | |
|---|---|---|---|
| sànbù | 散步 | 散歩する | 8 |

| | | | |
|---|---|---|---|
| sānrìyóu | 三日游 | 二泊三日の旅行 | 9 |
| shàng | 上 | (時間の)前(の) | 3 |
| shāngliang | 商量 | 相談する、打ち合わせする | 4 |
| shàngmiàn | 上面 | 上(に) | 3 |
| shāngpǐn | 商品 | 商品 | 10 |
| shànliáng | 善良 | (心が)やさしい、 | |
| | | 善良である | 8 |
| shāomài | 烧卖 | 焼売 | 7 |
| shěng | 省 | 節約する | 6 |
| shēng | 生 | 生(なま)である | 5 |
| shēngbìng | 生病 | 病気になる | 11 |
| shèngkāi | 盛开 | 満開である | 14 |
| shēngqì | 生气 | 怒る | 4 |
| shēngrì | 生日 | 誕生日 | 6 |
| shēngxiào | 生肖 | 十二支によって唱える | |
| | | 生まれ年 | 2 |
| shénme shíhou | | | |
| | 什么时候 | いつ | 14 |
| shēntǐ | 身体 | 身体 | 4 |
| shì | 事 | 事、用事 | 8 |
| shì | 试 | 試す | 10 |
| shǐ | 使 | (～という結果に)させる | 14 |
| shíhou | 时候 | 時 | 2 |
| shíjiān | 时间 | 時間 | 8 |
| shìjuàn | 试卷 | 答案用紙 | 3 |
| shípǐn | 食品 | 食品 | 7 |
| shìqing | 事情 | 事、用事 | 10 |
| shíquán shíměi | | | |
| | 十全十美 | 完璧である | 10 |
| shíxiàn | 实现 | 実現する | 5 |
| shǐyòng | 使用 | 使う、用いる | 3 |
| shǒu | 首 | 歌などを数える量詞 | 11 |
| shōudào | 收到 | 受け取る | 1 |
| shǒujī | 手机 | 携帯電話 | 8 |
| shòusī | 寿司 | 寿司 | 15 |
| shǔ | 属 | ～年生まれである | 2 |
| shuàigē | 帅哥 | イケメン | 8 |
| shūfu | 舒服 | 気分がよい | 2 |
| shuǐguǒ | 水果 | 果物 | 1 |
| shuìhǎo | 睡好 | よく寝る | 1 |
| shuǐjiǎo | 水饺 | 水餃子 | 7 |
| shǔjià | 暑假 | 夏休み | 9 |
| shùnlì | 顺利 | 順調(に) | 6 |
| shuō | 说 | 話す、言う | 1 |
| shuōfǎ | 说法 | 言い方 | 2 |

| | | | |
|---|---|---|---|
| yǎnchàng huì | 演唱会 | コンサート | 4 |
| yǎng | 养 | 飼う、養う | 11 |
| yánwù | 延误 | 遅延する | 3 |
| yào | 要 | 要る、注文する、かかる | 4 |
| yào | 要 | ～したい、～する予定だ、 | |
| | | ～しなければならない | 4 |
| yào | 药 | 薬 | 7 |
| yàoshi | 钥匙 | 鍵 | 3 |
| yàoshi…jiù… | 要是…就… | もし～ならば… | 10 |
| yāsuìqián | 压岁钱 | お年玉 | 6 |
| yèbān chē | 夜班车 | 夜行バス | 6 |
| yězhū | 野猪 | イノシシ | 2 |
| yī…jiù… | 一…就… | ～すると、すぐ… | 11 |
| yìbiān…yìbiān… | 一边…一边… | | |
| | | ～しながら～する | 8 |
| yìdiǎnr yě bù… | 一点儿也不… | | |
| | | 少しも～しない、ちっとも～でない | 9 |
| yídìng | 一定 | 必ず、きっと | 5 |
| yígòng | 一共 | 合わせて、合計 | 14 |
| yíhàn | 遗憾 | 残念(である) | 3 |
| yǐhòu | 以后 | ～以後、～の後 | 3 |
| yǐjí | 以及 | および、並びに | 6 |
| yǐjīng | 已经 | すでに、もう | 4 |
| yǐlái | 以来 | ～以来 | 14 |
| yíng | 赢 | (勝負)に勝つ | 11 |
| yīnggāi | 应该 | ～でなければならない、 | |
| | | ～べきである | 13 |
| yīnghuā | 樱花 | 桜 | 14 |
| yīnwèi | 因为 | ～だから(である) | 3 |
| yīnyuè | 音乐 | 音楽 | 8 |
| yíqiè | 一切 | すべて | 6 |
| yìsi | 意思 | 意味 | 6 |
| yìtiān | 一天 | ある日 | 3 |
| yìwèizhe | 意味着 | (～を)意味している | 7 |
| yíxià | 一下 | (動詞のあとに置き) | |
| | | ちょっと～する | 13 |
| yìxiē | 一些 | 若干(の)、何らかの | 10 |
| yíyàng | 一样 | 同じである | 1 |
| yòng | 用 | 使う、用いる | 8 |
| yóu | 游 | 泳ぐ | 15 |
| yòu | 又 | また | 11 |
| yōudiǎn | 优点 | 長所 | 13 |
| yǒudiǎnr | 有点儿 | 少し | 12 |
| yóujiàn | 邮件 | メール | 2 |

| | | | |
|---|---|---|---|
| yóukè | 游客 | 観光客 | 9 |
| yōushāng | 忧伤 | 憂え悲しむ | 14 |
| yǒushíhou | 有时候 | 時には、 | |
| | | ～することがある | 9 |
| yǒu yìsi | 有意思 | (楽しくて)おもしろい | 11 |
| yóuyù | 犹豫 | ためらう、決しかねる | 12 |
| yuǎn | 远 | 遠い | 14 |
| Yuándàn | 元旦 | 元旦、元日 | 6 |
| yuánlái | 原来 | なんだ(～であったのか) | 3 |
| yuánliàng | 原谅 | 許す | 8 |
| yuànwàng | 愿望 | 願望、願い | 15 |
| yuányàng | 原样 | 元の様子 | 10 |
| yuànyì | 愿意 | ～したいと思う | 13 |
| yuē | 约 | 誘う | 9 |
| yuè lái yuè | 越来越 | ますます～になる | 15 |
| Yuènán | 越南 | ベトナム | 14 |
| yúshì | 于是 | そこで、そして | 2 |
| yùshì | 遇事 | 事が起きる、 | |
| | | 出来事に遭う | 13 |

| | | | |
|---|---|---|---|
| zài | 再 | 再び、また | 8 |
| zàichǎng | 在场 | その場にいる | 5 |
| zěnme | 怎么 | どのように、どうして | 6 |
| zhāng | 张 | 紙などを数える量詞 | 9 |
| zhǎo | 找 | 探す、求める | 8 |
| zhǎodào | 找到 | 見つかる、見つける | 12 |
| zháojí | 着急 | 焦る、いらいらする | 4 |
| zhàopiàn | 照片 | 写真 | 3 |
| zhāopìn | 招聘 | 招聘する、募集する | 12 |
| zhème | 这么 | このように、こんなふうに | 1 |
| zhēn | 真 | 本当に | 5 |
| zhèng | 挣 | 稼ぐ | 6 |
| zhēngjiǎo | 蒸饺 | 蒸し餃子 | 7 |
| zhèngquè | 正确 | 正しい | 3 |
| zhèngzōng | 正宗 | 本場の | 9 |
| zhèyàng | 这样 | このような | 8 |
| zhǐ | 只 | ただ、～だけ | 6 |
| zhī | 只 | 動物などを数える量詞 | 11 |
| zhīdào | 知道 | 知っている、わかる | 2 |
| zhǐhǎo | 只好 | ～するほかない | 8 |
| zhīxīn | 知心 | 気心の知れている、 | |
| | | 深く理解し合っている | 10 |
| zhǐyào…jiù… | 只要…就… | ～しさえすれば… | 13 |
| zhōngcān | 中餐 | 中華料理 | 7 |

| | | | |
|---|---|---|---|
| zhōng cānguǎn | | | |
| | 中餐馆 | 中華料理店 | 7 |
| zhòngjiǎng | 中奖 | 当選する | 8 |
| zhǒnglèi | 种类 | 種類 | 1 |
| zhōumò | 周末 | 週末 | 15 |
| zhù | 祝 | 祈る | 6 |
| zhū | 猪 | ブタ | 2 |
| zhǔnshí | 准时 | 時間通りに | 7 |
| zhuózhuàng chéngzhǎng | | | |
| | 茁壮成长 | たくましく成長している | 15 |
| zhuōzi | 桌子 | 机 | 9 |
| zhúsǔn | 竹笋 | 竹の子 | 15 |
| zhùyì | 注意 | 気をつける、注意する | 4 |
| zìgǔ | 自古 | 〈書〉昔から | 14 |
| zìjǐ | 自己 | 自分(の)、自分(で) | 1 |

| | | | |
|---|---|---|---|
| zǐsūn xīngwàng | | | |
| | 子孙兴旺 | 子孫繁栄 | 15 |
| zìxìn | 自信 | 自信 | 12 |
| zǒngshì | 总是 | いつも | 4 |
| zuì | 最 | 最も | 14 |
| zuìhòu | 最后 | 最後 | 12 |
| zuìzhōng | 最终 | 最終、最後 | 12 |
| zuò | 做 | 作る、する | 1 |
| zuòcài | 做菜 | 料理を作る | 15 |
| zuòlì bù'ān | 坐立不安 | 居ても立ってもいられない | 11 |
| zuòshì | 做事 | 事に当たる、事を処理する | 13 |
| zuótiān | 昨天 | 昨日 | 11 |
| zúqiú | 足球 | サッカー | 11 |

**著者**

鄭 高咏（高永 洵子）

北京市出身
NHK国際放送局中国語アナウンサー・キャスター、
NHK教育テレビ「中国語会話」レギュラー・講師、
奥羽大学専任講師などを経て
現在、愛知大学教授

表紙・本文デザイン・イラスト　　富田 淳子
音声吹込　　胡 興智　鄭 高咏（高永 洵子）

音読＆会話で深める中国語　中級アイテム15

検印
省略　　　© 2024年1月31日　初版発行

著　者　　　　　鄭 高咏（高永 洵子）

発行者　　　　　　　小 川 洋 一 郎
発行所　　　　　　株式会社 朝 日 出 版 社
〒101-0065　東京都千代田区西神田 3－3－5
電話(03)3239-0271・72(直通)
振替口座　東京　00140-2-46008
http://www.asahipress.com/
倉敷印刷